Inhaltsverzeichnis

Vorwort der Reihe

Ihr Lieben!

So begrüßt uns Seth jeden Dienstag, wenn er zu uns kommt, um uns in der humorvollen Art, die ihm eigen ist, an seiner Weisheit und Liebe teilhaben zu lassen.
Da sind nun gleich zwei Fragen entstanden: wer ist Seth, und wer sind wir?
Fangen wir mit Seth an. Viele Menschen haben die Bücher seines Mediums Jane Roberts gelesen. Für mich ist er mein Schutzengel. So jedenfalls hat er sich mir vorgestellt, als er Ende 1988 zu mir kam. Aus unserer gemeinsamen Arbeit hat sich 1991 dann der Lichtring e.V. Berlin entwickelt; womit die obige Frage nach dem Wir beantwortet ist.
Seit zwei Jahren nun empfangen wir regelmäßig einmal in der Woche seine Botschaften in einer öffentlichen Veranstaltung.

Wir sind stärker und gleichzeitig leichter geworden durch das, was er uns sagt. Wir sind bereiter geworden, die Situationen unseres alltäglichen Lebens anzunehmen, und mehr und mehr in der Lage, den Spaß wahrzunehmen, der in ihnen schlummert.
Gewachsen sind auch das Gefühl der Verbundenheit mit allem, was ist, und die Dankbarkeit, sich begegnen zu dürfen. Wir haben gelernt, daß wir uns in diesen Begegnungen untereinander selber finden und uns befreien zu einer größeren Liebesfähigkeit, ja, zu mehr Da-sein auf unserer Erde überhaupt.
Der Abend ist bis jetzt so aufgeteilt, daß Seth im ersten Abschnitt einen Vortrag hält über ganz gewöhnliche Dinge des Lebens; im zweiten beantwortet er Fragen der Zuhörer.

SETH
BOTSCHAFTEN AUS BERLIN

ABENDLICHE DIALOGE MIT SETH IM LICHTRING

gechannelt und herausgegeben von
Karin Valanga Di Girolamo

Zweiter Band
Seth-Abende vom Juli-Dezember 1995

Lichtring-Verlag
Berlin

Umschlaggestaltung unter Verwendung
Einer gechannelten Zeichnung der Wesenheit Cleo
Das Mandala ist von Annette Hönl-Fliedner

ISBN: 3-932221-01-X

Dieses Buch ist im Buchhandel erhältlich und direkt beim
Lichtring-Verlag Berlin,
Neidenburger Allee 56, 14055 Berlin, Tel.: (030) 30 61 45 78
Fax: (030) 30 61 45 79

Druck: J. Müller - Berlin

Im Einverständnis mit Seth haben wir uns nun entschieden, jeweils den geschlossenen ersten Teil dessen, was er uns allwöchentlich sagt, zusammengefaßt in halbjähriger Folge einem größeren Hörerkreis zugänglich zu machen.
Es handelt sich also um gesprochene Texte, die aus der Atmosphäre des Augenblicks heraus leben. Und wie wir alle wissen, gibt es einen großen Unterschied zwischen dem gesprochenen und dem geschriebenen Wort. Wir haben uns entschieden, soviel wie möglich von der Atmosphäre dieser Abende beizubehalten. Aus diesem Grunde haben wir eine Art eigener Interpunktion, die dem energetischen Fluß entspricht, verwendet und Formulierungen sowie einzelne Begriffe, auch wenn sie eher umgangssprachlich sind, beibehalten. Wir bitten die Leser um Toleranz für diese Entscheidungen.

Wie sagt Seth oft, wenn er das Ende seines Vortrages und damit den Beginn der aktiven Beteiligung seiner Hörer einleitet: *Ich gebe die Arena frei!*
Ich als sein Medium möchte mich diesen Worten anschließen und Euch viel Spaß und Gewinn beim Lesen wünschen. Und vielleicht werden ja auch aus Euch Lesern Empfänger, die eines Tages selber in die Korrespondenz mit ihren Engeln treten können.

Berlin, im Dezember 1995
Valanga

Vorwort zum 2. Band

Als vor längerer Zeit der Band I der „Abendlichen Dialoge mit Seth im Lichtring" herauskam, hatten wir die Absicht, die Durchsagen der Dienstagabende gewissermaßen begleitend folgen zu lassen. Zum einen ist es ja durchaus schön, à jour zu sein, wie mein Vater das nannte, aber zum anderen hatte uns jemand, der im Buchhandel erfahren ist und den wir vor unserer ersten Veröffentlichung um Rat gefragt hatten, mit großem Nachdruck erklärt, daß die Menschen „nichts Altes" haben möchten. Aus seiner Sicht hatte uns der freundliche Herr angemessen und ordentlich beraten, aber bei mir hatte er unbemerkt von uns beiden auf ein Knöpfchen gedrückt, bei dem der Inhalt zu finden war: „Ich muß mich beeilen, ich muß mich anstrengen, nicht zu spät zu kommen, nicht hinterherzuhinken, nicht von gestern zu sein."
Und nachdem nun der erste Band glücklich und zu vieler Menschen Freude herausgekommen war, machte ich Anstalten für die Herausgabe des zweiten Bandes. Aber es ging nicht, es ging nicht, und es kam auch niemand, um mir dabei zu helfen. Ich wurde immer trauriger, und unversehens war ich in meinem Muster „Ohnmacht". „Wie sollst du nur alles alleine machen?" Zwar weiß ich natürlich, daß Seths Aussagen zu einem ganz bestimmten Zeitpunkt auf die Erde kommen, und natürlich weiß ich auch sicher, daß seine Aussagen nicht veralten, aber die Mahnung zur Zügigkeit, zum Wettbewerb hatte mich aus meiner Mitte, meinem Vertrauen gebracht, zumal sie mir von einer Autorität gekommen zu sein schienen. Und der Druck, den unser Ratgeber erzeugt hatte, hat mich vom Mittelpunkt aus gesehen auf die Minusseite des Pendels bewegt, nämlich auf die Verzögerung bei der Herausgabe der Texte und zwar bis zu dem Punkt, an dem ich mir meiner Muster „Versäumnis" und „Leistungsangst" bewußt geworden bin.

Und siehe da, nachdem ich das erkannt hatte kamen die Menschen, die mir halfen, den Band II herzustellen. Ich möchte deshalb an dieser Stelle Anna, Annika, Giuliana, Sven, Alke und Petra für ihre Hilfe danken.
Wundert Euch nicht, liebe Leser, die ihr der deutschen Sprache mächtig seid, wenn ihr hier und da eine merkwürdige Interpunktion oder Wortbildung, Schreibweise oder Satzstellung findet. Ich habe mich dazu entschlossen, um so nahe wie möglich am gesprochenen Wort zu bleiben.
Und nun wünsche ich euch viel Spaß beim Lesen. Und sollten vielleicht e u r e Knöpfchen gedrückt werden, dann wißt ihr ja: je zügiger man erkennt, desto eher fließt es wieder.

Berlin, im Mai 1998
Valanga

Seth-Abend 11. Juli 1995:

FESTE UND TEILNAHME[1]

Ja, meine Lieben, guten Abend.

T: Guten Abend.

Es war mir ein großes Bedürfnis, euch endlich wieder zu hören. Ich freue mich darüber, daß ihr schon, bevor wir angefangen haben, angefangen habt zu lachen. Das ist, wie ihr wißt, in unserem Sinne.
Solltet ihr vielleicht nicht reden wollen (Lachen), *dann bestünde ja vielleicht eine Alternative darin, zu lachen* (herzhaftes Lachen). *Ich erinnere euch daran, daß eure Zellen sich freuen, wenn eure Stimmen erschallen. Es ist also im Prinzip egal, ob ihr weint oder lacht oder sprecht. Aber meistens habt ihr das Gefühl, ihr müßt etwas Wichtiges sagen. Gut, manchmal sind die Dinge ja auch wichtig, aber es ist ganz genauso gültig, wenn ihr euren Zellen mitteilt, daß ihr da seid, indem ihr eure Stimme zum Lachen benutzt* (Lachen brodelt unaufhörlich weiter).
So wünschen wir uns das bevorstehende Fest, jawohl. (Lachen) *Ich sage euch eins: Feste feiern kann sehr anstrengend sein, aber das wollen wir hoffen.*
Gut, ich habe heute mein Sprüchlein über eure Stimmen etwas kurz gefaßt, aber ich möchte dennoch sagen, für alle Menschen, die noch nicht da waren, die vielleicht Fragen haben, von denen sie meinen, daß sie außerhalb des Themas sind: Ich bitte euch, stellt alle Fragen, sagt alles, was euch einfällt. Ihr wißt nicht, ob

---

[1] Dieser Text bezieht sich auf ein bestimmtes Fest. Wir haben uns aber entschlossen, ihn in die Sammlung aufzunehmen, weil die Aussagen Allgemeingültigkeit haben.

das, was ihr sagt, das ist, was euer Nachbar in diesem Moment braucht. Den Anstoß, den er braucht, um selber weiter zu denken oder besser noch, weiter zu fühlen. Also, denkt nicht, die Dinge, die jetzt präsent sind, haben nichts mit diesem Abend zu tun.

So, nun möchte ich zum Thema kommen. Das Thema für heute Abend heißt: F E S T E U N D T E I L N A H M E A N D I E S E N F E S T E N.

Eigentlich könnte ich auch gesagt haben: 'Leben und Teilnahme am Leben'. Ihr Lieben, ich bitte euch, vielleicht sage ich das schon umsonst, aber ich möchte es sagen: Ich bitte euch, jeden von euch, aktiv an diesem bevorstehenden Fest teilzunehmen. Worin besteht Aktivität? Aktivität besteht darin, zu sagen: Hier bin ich. Hier werde ich etwas beitragen, was meiner Energie, was meiner Kreativität, was meiner Phantasie entspringt. Ihr tut es, ihr Lieben, nicht für jemand anderes, sondern für euch selbst.

Ein Fest ist eine sehr gute Gelegenheit, aktiv zu leben. Es ist eine Situation in eurem Leben wie alle anderen auch. Aber ihr habt von vorneherein mehr das Bedürfnis nach Gemeinsamkeit und nach Bereitschaft, fröhlich zu sein. Laßt diese Faktoren für euch selbst wirksam werden.

In dem Moment, in dem ihr überlegt: „Was kann ich von nahe oder von ferne, anwesend also oder nicht anwesend, beitragen?“, tut das, was euch einfällt. Ihr werdet, wenn ihr Ideen entwickelt, Gleichgesinnte finden, solche, die eure Ideen aufnehmen, weitertragen, verändern usw. Wißt ihr, je mehr Energie jeder Einzelne von euch mobilisiert, desto mehr Freude hat jeder Einzelne. Das Leben des Menschen besteht in Aktivität. Bitte laßt euch nicht entgehen, aktiv zu sein. Es ist eine wunderbare Gelegenheit, in Zusammenhänge zu kommen mit euch selbst, in die ihr unter anderen Umständen nicht kommen würdet. Versichert euch mit jedem Teil, mit jeder Sekunde, mit jeder Minute, ihr wißt, daß das so nicht ganz möglich ist, aber versichert euch so oft wie möglich der Gemeinsamkeit. Schließt euch zusammen. Macht die Dinge gemeinsam. Tauscht eure Freude aus. Jede euch bietende Gelegenheit für

Gemeinsamkeit ergreift bitte.
Ich sage euch etwas: Wir haben dieses Fest für euch schon lange vorbereitet. Es ist ein wichtiger Ort, an dem es stattfinden wird. Valanga hat mit Einzelnen von euch über die Bedeutung dieses Ortes gesprochen. Ich möchte es für die hier Anwesenden noch einmal sagen. An diesem Ort ist sehr viel energetische Geschichte passiert. Dieser Ort war ein Richtplatz zur Zeit der weiblichen Herrschaft. Dort sind viele männliche Wesen ihres Lebens beraubt worden, weil sie den Gepflogenheiten ihrer Gesellschaft nicht entsprochen haben. Sie sind entfernt worden und durch tauglichere ersetzt worden.
Gut, das war eine Erfahrung. Ihr könnt die Sumpfigkeit dieses Ortes noch spüren. Dann, eine lange Zeit später, ist an diesem Ort das Gegenteil passiert. Es sind die weiblichen Wesen ihres Lebens oder ihrer Freiheit, ihrer Kreativität beraubt worden. Und jetzt, ihr Lieben, haben wir eine wunderbare Möglichkeit, dem männlichen und dem weiblichen Lebenspol eine Gleichberechtigung, eine Anerkennung, eine Liebe zu bereiten. Ihr, die ihr hier sitzt, habt alle an Teilen der dort stattgefundenen Dinge teilgenommen. Ihr wart Zuschauer oder Handelnde und seid alle an diesem Ort gewesen, manche von euch in mehrfacher Möglichkeit. Ihr habt also eine ganz wunderbare Gelegenheit, euch selbst in eure Göttlichkeit zu bewegen. Eure eigenen männlichen Anteile und eure eigenen weiblichen Anteile miteinander zu vermählen. Das ist der Sinn dieses Ortes eures Lebens, des Lebens überhaupt.
Wenn ich euch also erzählt habe, daß ihr etwas Persönliches an dem Ort bereinigen könnt, in die Balance bringen könnt, hoffe ich damit, euch genügend motiviert zu haben. Bittet eure Schutzengel oder die Energien, mit denen ihr in Kontakt steht, euch Bilder zu senden, euch Gefühle zu senden oder andere Kanäle zu benutzen, die ihr versteht, um euch in eure früheren Vergangenheiten einzuführen. Was immer ihr wahrnehmt, nehmt es in Dankbarkeit wahr und bringt es auf den Altar des Lebens, den Altar eures gemeinsamen Festes. Nichts, was ihr gelebt habt, habt ihr zufällig gelebt. Und nichts, was ihr gelebt habt, habt ihr umsonst gelebt.

Es sind die notwendigen Stationen hin zu eurer Reife. Und jetzt seid ihr soweit zu verstehen. Und jetzt seid ihr so weit, euch zu freuen. Und das, ihr Lieben, ist unser wichtigstes Ziel, daß ihr in Dankbarkeit euch freut, im Bewußtsein, jeder braucht den anderen, er ist ein Teil der Bühne, ein Teil der Situationen, die notwendig waren für jeden von euch, die eigenen Qualitäten zu leben, zu verstehen und zu transformieren.

Ihr feiert also in gewisser Weise alle dort eine Hochzeit. Ihr feiert eine Hoch-Zeit. Die Zeit, in der eure Energie auf ein möglichst hohes Niveau der Bereitschaft und der Liebe geführt wird. Macht euch das bitte klar und sagt es allen denen, die heute abend nicht anwesend sind und von denen ihr wißt, daß sie teilnehmen möchten und teilnehmen werden. Laßt niemanden im Zweifel darüber, wie wichtig dieses Ereignis für alle Personen, die da sind, sein wird. Laßt alle Menschen zu, macht euch auf für Dinge, die ihr nicht erwartet habt. Jeder von euch hat die Möglichkeit, den anderen weiter zu helfen, indem er den Überblick bewahrt. Dieser Ort wird durch eure Anwesenheit gereinigt werden. Aber ihr wißt, daß nicht alle Energien sich freuen, wenn sie transformiert werden. Alles, was sein wird, könnt ihr in Liebe aufnehmen.

So, was ich euch über diesen Zusammenhang gesagt habe, gilt speziell für dieses kommende Fest. Was ich gesagt habe, gilt aber genauso für jeden Tag eures Lebens. Nur ist es natürlich schwerer, jeden Tag die Freude der Gemeinsamkeit zu erfahren. Ich bitte euch also, übertragt, was ihr erfahren werdet, übertragt so viel wie möglich auf jede Situation des Lebens. Seid euch bewußt, daß jede Sekunde Existenz ein Geschenk ist, in dem ihr die Welt erfahren dürft. Ich weiß, daß das manchmal etwas schwierig ist. Aber macht euch bitte immer wieder klar - und verurteilt euch nicht, wenn ihr es wieder und wieder vergessen haben solltet - macht euch klar: Das Leben ist ein wunderbares Geschenk. Und wickelt die Geschenke aus. Laßt sie nicht unbenutzt auf euren Tischen liegen. Die Geschenke warten darauf, ausgepackt zu werden. Sie warten darauf, für euch leben zu dürfen. Durch euch, mit euch und euch zu transformieren.

So, ich möchte noch etwas hinzufügen: Bitte bleibt solange wie möglich zusammen. Wenn ihr es einrichten könnt, dann laßt auch den Tag, der darauf folgt, in einem Zusammenleben stattfinden. Wenn der eine oder andere von euch weg muß, dann kann er ja wiederkommen. Wißt ihr, es ist eine so hohe Versammlung an Energie, daß ich mir wünsche für jeden von euch, daß ihr so viel mitnehmt wie möglich. Der Schwung und die Freude, die Energie, die ihr angewendet habt, wird euch lange tragen. Und je mehr ihr getankt habt, das wißt ihr Autofahrer ja, desto länger könnt ihr fahren. Tut alles, was ihr tut, im Bewußtsein der Gemeinsamkeit.

Und dann wollen wir sehen, vielleicht können wir euch dabei behilflich sein, diesen Ort für eine längere Zeit eures Lebens zu bewohnen in Gemeinsamkeit. Ich bitte euch dazu, noch etwas zu bedenken. Gemeinsamkeit besteht nicht darin, daß einer neben dem anderen sitzt und dennoch alles lebt, was er vorher gelebt hat. Das Ziel, ihr Lieben, der Gemeinsamkeit besteht darin, daß ihr euer Selbst überwindet, daß ihr selbst l o s werdet. Nicht, daß jeder alle seine Bedürfnisse, die er jenseits einer Gemeinschaft leben würde, erfüllt. Fragt euch immer, muß ich das alleine tun, oder kann ich es mit jemand anderem tun. Das Ziel aller eurer Leben besteht nicht darin, einzeln zu sein, sondern gemeinsam ein so hohes Niveau wie möglich zu erreichen. Besteht nicht auf Dingen, die ausschließlich ihr macht und die anderen nicht. Teilt eure Räume, die inneren und die äußeren. Ihr bekommt unendlich viel mehr, wenn ihr das verstanden habt. Eine der Möglichkeiten zu diesem Ziel ist das, was wir demnächst gemeinsam erleben möchten.

Ich kann nur sagen, wir freuen uns sehr und sind noch viel zahlreicher da als ihr. Wenn ihr möchtet, könnt ihr auch mit uns tanzen. Lachen hört ihr uns in euren Bäuchen. Ihr müßt nur ein bißchen hinhören.

So, ich glaube, ich habe alles gesagt, was ich sagen wollte, und freue mich darauf, daß eure Zellen jetzt von euch erfreut werden.

Es ist so schön warm, nicht?

Scheut euch nicht.

Seth-Abend 18. Juli 1995:

TANZEN

Guten Tag, meine Lieben!

T: Guten Tag, lieber Seth!

Ich weiß nicht, wie weit wir heute kommen werden, so aufgeregt wie ihr seid, aber wir möchten es gerne versuchen. Ich erinnere euch daran, eure Stimme erschallen zu lassen. Das, was ihr das letzte Mal veranstaltet habt, das Fest der Tiere, hat bei uns lange nachgewirkt.
Ihr habt uns so viel Freude gemacht [2] *wie euch. Und wir haben beschlossen, wir werden in bestimmten Abständen bei uns solche Feste feiern, in denen wir uns unserer früheren Tiererfahrungen erinnern. Ich empfehle euch das auch. Nicht nur bei den Gelegenheiten, an denen wir hier zusammen sind.*
Wenn es euch schlecht geht, piept oder bellt, einfach weil damit dieselbe Intelligenz verbunden ist wie sonst mit allem anderen auch. (Lachen)
Ich denke, ihr Lieben, ihr macht diese Übung bis hin zur Meisterschaft. Prüfen tut diese Dame [3]*, wer geeignet ist, lange und gut zu lachen. Dann werdet ihr berühmt als die Schule, in der man lachen lernt. Das ist etwas Wunderbares.* (Lachen)
Dann müßt ihr euch nur überlegen, wie ihr Anfänger- und Fortgeschrittenenkurse macht. Gut.
Der Meister ist natürlich der Meister aller Kurse. Gut. (Seth selber lacht)

---

[2] Seth hatte die Anwesenden aufgefordert, Tierstimmen zu imitieren.
[3] Zeigt auf eine Anwesende.

Ich möchte mit euch heute über T A N Z E N reden.
Wie schön, daß ihr schon mal versucht habt, euren Tanz, euren Kreistanz zu probieren.
Wißt ihr was? Es ist das gleiche, was ich euch immer wieder sage: Benutzt eure Stimme. Eure Zellen freuen sich. Und wenn sie immer wieder dasselbe hören, dann freuen sie sich wie Kinder, die wissen, aha, jetzt kommt das. Sie freuen sich also in diesem Augenblick und für den nächsten Augenblick im voraus.
Und wenn ihr dann eure Körper bewegt, kommt zu der Freude der Vibration durch die Stimme die Freude der Körperteile, ihr eigenes, spezifisches Leben leben zu dürfen. Das heißt für die Füße zu gehen und für den Kopf zu schwingen, für die Arme sich zu bewegen und für die Hüften, sich zu drehen. Es ist ein einziges Fest der Bewegung.
Ihr Lieben, ich kann euch nicht sagen, wie ihr euch wohltut, wenn ihr g e m e i n s a m singt, wenn ihr euch g e m e i n s a m bewegt und wenn ihr die Freude und die Energie, die entsteht, g e m e i n s a m spürt.
Ich sage euch, es gibt auf eurer Erde keine bessere Möglichkeit, in ein gemeinsames Gefühl zu kommen, als wenn ihr tanzt, und zwar in der Weise tanzt, wie ihr es vorhin versucht habt. Ihr alle singt und tanzt dasselbe. Das heißt, ihr könnt euch ganz mit euch selbst beschäftigen, weil ihr nicht zum Nachbarn hinhören müßt, ob der vielleicht etwas Besseres kann als ihr. Er macht völlig klarerweise das gleiche. Ihr habt also eine große Konzentration auf euch selbst, und gleichzeitig habt ihr eine große Leichtigkeit für euch selbst, denn ihr müßt nichts leisten. Ihr müßt gar nichts leisten. Ihr dürft euch freuen.
Ich sage euch noch einmal, solche Formationen, in denen ihr euch rhythmisch gleich, aber jeder individuell und im ganzen bewegt, sind die stärksten Vereinigungsformen, die wir auf Erden kennen.
Wann immer ihr euch an eine Lichtsäule oder an einen solchen Tanz erinnert, steht ihr total in der Energie, die ihr erzeugt habt. Sie steht euch zur Verfügung, und zwar unendlich.

Ich bitte euch, macht viele solche Feste mit vielen solchen Tänzen. Ihr habt nach der kurzen Zeit, die ihr unten gewesen seid, schon bemerkt, wie leicht und heiter ihr euch gefühlt habt. Ihr habt den Text nur einige Male gesagt. Erinnert euch oder besser, stellt euch vor, wie groß eure Freude sein wird, wenn ihr diesen kleinen Gesang wieder und wieder wiederholt in der Gewißheit, mit allem verbunden zu sein.

Das ist das, was ich zu diesem Kreistanz sagen möchte. Es gilt für alle Kreistänze, in denen man ständig das gleiche und das gleiche und das gleiche wiederholt.

Es ist auch wunderbar, daß ihr euch entschieden habt, Tänze zu tanzen oder Spiele zu spielen, die mit dem Bewegen des Körpers zu tun haben. Ich bitte euch, wenn solche Tänze gespielt werden, nehmt teil. Nehmt bitte teil. Egal, ob ihr dann einen Partner habt, wie es eure Gepflogenheit sagt, oder ob ihr keinen Partner für diesen Tanz habt. Bitte bleibt, so oft es möglich ist, gemeinsam bei allen Tänzen. Ob ihr nun eure klassischen Tänze tanzt oder Spiele spielt oder eben diese wunderbaren Rundtänze macht. Ihr erheitert alles, was drumherum ist.

Fordert alle Menschen auf, natürlich ohne Zwang, an den Bewegungen teilzunehmen.

Denn wenn sie eure Fröhlichkeit sehen, mit der ihr zurückkommt von solchen Tänzen oder von Tanzspielen, an denen sie nicht teilgenommen haben, dann helft ihr ihnen, das hemmende Gefühl in die Kulmination zu führen. Zunächst steigert sich ihre Traurigkeit. Und der nächste und nächste Tanz wird schwieriger und schwieriger. Und bis zu dem Moment des Umschwunges werden sie weniger und weniger versuchen, daran teilzunehmen. Ihr wißt um die Zusammenhänge.

Ich bitte euch, die ihr hier seid, wenn ihr auf dem Fest Personen seht, die aus irgendeinem Grund nicht wirklich daran teilnehmen, ich bitte euch dringend und inständig, wagt euch hinzugehen und nehmt sie bei der Hand und führt sie zu den anderen; auch dann, wenn ihr sie noch nie vorher gesehen habt, wenn sie euch fremd sind und wenn ihr vielleicht das Gefühl habt, ich kann doch nicht irgendwie zu irgend jemandem hingehen und einfach sagen „Komm mal mit mir mit. Ich will jetzt mit dir tanzen." Bitte überwindet eure kulturellen Schranken und bringt ihnen euch dar als Geschenk, als Brücke, selber daran teilzunehmen.

Wenn ihr alle in diesem Frieden und dieser Heiterkeit bleibt, die mit Musik und Rhythmus zusammenhängen, wird nichts passieren.

Es ist richtig. An dem Ort gibt es viele Energien, die nicht gerne transformiert werden möchten. Jedenfalls nicht sofort. Sie bräuchten einen anderen Anlauf.

Wenn ihr aber als geschlossener heiterer Körper ohne energetische Lecks auftretet, seid ihr unangreifbar für jeden und alles, was kommt.

Es ist für euch ein Fest der Vereinigung - für jeden, der daran teilnimmt. Er vereinigt sich in einem Körper, in einem energetischen Frohsinnskörper, der dort, an diesem Platz, bleibt.

Deshalb bitte ich euch noch einmal, habt immer ein Auge darauf, daß es allen Leuten gut geht, die daran teilnehmen. Sie müssen sich nicht immer bewegen. Ihr müßt auch nicht ständig sagen „Geht es dir gut". Aber habt ein Auge darauf und nehmt die, die den Versuch machen, sich zu entfernen aus eurer energetischen Gegenwart oder auch aus dem Kreis, wahr und bittet sie zu bleiben, energetisch vorhanden zu bleiben. Das heißt nicht, ihr könnt nicht spazieren gehen oder so. Ihr wißt, was ich meine.

Sorgt jeder so für jeden anderen oder habt die Bereitschaft dazu, so für jeden anderen zu sorgen wie für sich selbst.

Ihr habt eine große Möglichkeit, euch selbst auf diesem Fest zu transformieren. Nehmt das wahr. Und wenn Leute nervös werden, weil dieses oder jenes nicht klappt oder weil dieses oder jenes anders erwartet ist, stellt euch hin, ihr Lieben, und atmet in den Erdmittelpunkt aus. Das, was ihr normalerweise tut, wenn ihr zusammen seid. Denkt in dem Moment daran.

Und noch etwas: ihr seid in einem sehr geschützten Zusammenhang. Das heißt, nehmt die Gelegenheit wahr, euren Impulsen zu folgen. Und wenn jemandem von euch einfällt, jetzt möchte ich gerne dieses oder jenes machen, dann tut es.

Ihr seid unter euch und unter uns.
Versucht für die Menschen, die da wohnen und die eure Lebenshaltung noch nicht verstehen oder nicht kennen, versucht einfach, für sie zu atmen, sie als eure Brüder zu empfinden und sie an eure Herzen zu lassen, indem ihr ihnen Wohlwollen, Verständnis und Liebe entgegenbringt. Auch, also ich meine in eurem Gefühl, auch dann, wenn ihr nicht mit ihnen redet.
Ich sage euch wieder, es sind nicht in erster Linie eure Taten, die den anderen erreichen oder beeinflussen, sondern es sind eure Einstellungen und Gefühle.
Denkt jeder für sich, daß das Fest nur für ihn selbst gemacht ist. Ihr habt gleichwertige Rollen, die allerdings wechselseitig sind. Je stärker ihr seid, je aktiver ihr euren Impulsen folgt, desto aktiver wird alles, was ihr berührt, desto aktiver können wir eure Wünsche berücksichtigen.
Tanzen, ihr Lieben, ist eine Form des Gottesdienstes, eine Form der Meditation, eine Form, in der man in seinen Körper kommt und in der man Lust leben darf.
Macht euch also frei von allem Leistungsdenken. Das gilt prinzipiell für jeden Tanz, auch den, den ihr nach bestimmten Normen in eurer Kultur tanzt, also für einen Walzer und einen Tango und einen Foxtrott und wie ihr die Tänze alle nennt. Es gilt das gleiche.
Aber ihr habt, wenn ihr Tänze wie Walzer tanzt, das Bewußtsein eurer Gesellschaft, das Macht- und Kulturbewußtsein eurer Gesellschaft mit verwoben. Insofern ist es bei diesen Tänzen schwerer, an die Lust zu kommen, weil man immer die Schritte richtig machen muß und weil man sich richtig führen lassen muß und weil man da noch hübsch aussehen muß. Das heißt, ihr habt eine Kette von Leistungen aufgebaut, die ihr dann erfüllen müßt. Wenn ihr allerdings richtig fröhlich werdet, vergeßt ihr diese Leistungskette.

So, ich habe das Prinzipielle zum Tanzen gesagt und wiederhole noch einmal: wann immer ihr könnt, tanzt gemeinsam, nicht nur jetzt, sondern täglich. Ihr tut euch den allerbesten Gefallen.

So, ihr Lieben, nun zu euch. Alles, was euch einfällt, egal wozu, bin ich bereit, mit euch zu besprechen.

Seth-Abend 1. August 1995:

WOHNEN

Guten Abend, meine Lieben.

T: Guten Abend.

Ich sage euch, wir freuen uns jeden Tag darauf, daß wir uns mindestens einmal in der Woche treffen und ihr mit einem so trefflichen Chor antwortet.
Schön, das Vertrauen unter euch ist gewachsen, und ihr könnt heiter kommen und sofort lachen. Ich danke euch für eure Bereitschaft, zu sein und euch fließen zu lassen.
So, und ich wäre ja nicht vollständig, wenn ich mein Sprüchlein nicht aufsagen würde. Ihr Lieben, ihr habt es oft erfahren. Macht euren Zellen die Freude eurer selbst. Redet bitte irgendwann an diesem Abend. Setzt euch eine persönliche Zeit, bis zu der ihr etwas gesagt habt oder bis zu der ihr Pieps oder Paps oder Pups oder was gemacht habt. Und denkt daran, die Intelligenz des Tones ist der Intelligenz eures Verstandes ebenbürtig. Denkt bitte daran, daß eure Zellen jubeln und tanzen, wenn sie euch hören. Und je sicherer sie euch hören, das heißt, je tönender ihr einen Ton macht, desto größer ist die Freude. Also, ich bitte euch, denkt daran.
Dann möchte ich noch etwas dazu sagen. Ich freue mich, wenn wir miteinander reden. Aber bitte macht es so, daß ihr jedem der Anwesenden Raum gebt. Wenn einer jetzt das Gefühl hat: Gut, ich tanze mit meiner Stimme jetzt eine ganze Stunde, dann haben die anderen Tanzpartner ein kleines Parkett. Also, macht jeder klar, daß er auch den anderen Anwesenden Raum gibt, mit der Stimme zu tanzen. Manche Menschen sind etwas schüchterner. Ihr könnt

sie auch pieken so völlig physisch, und sagen: jetzt bist du dran. Ich glaube, ich pieke dann vor oder auch nicht, das entscheiden wir später.
So, das war der Beginn, mein Sprüchlein. Mir fehlt nämlich etwas, wenn ich es nicht sagen darf.

So, und dann möchte ich mit euch über W O H N E N sprechen. Wohnen, ihr Lieben, heißt als erstes und allerwichtigstes: Ruhen in euch selbst. So, das sage ich noch mal, falls jemand irgendwie gerade abwesend war. Wohnen heißt als allererstes Ruhen in euch selbst. Alles, was in euch wohnt, kann man innerhalb eurer physischen Wohnungen antreffen. Je naturverbundener ihr seid, je weiter werdet ihr euch mit Natur umgeben. Ob diese Natur ein Wasser ist oder ein Berg oder mehrere Bäume oder ein Wald oder ein Garten, das ist egal. Wenn ihr eure Zugehörigkeit zum Gesamten fühlt, braucht ihr diese Erscheinungen um euch, ich kann auch sagen, ihr projiziert sie. So, das ist ein Erkennungskriterium.
Dann gibt es Räume. Natürlich könnt ihr diese Räume vorfinden, indem ihr Häuser bezieht, die vor euch gebaut sind. Die Häuser sind meistens als Projektionen anderer Menschen gebaut, und ihr solltet nicht darauf verzichten, eure eigene Projektion in diesen Raum oder diese Räume zu legen.
Das Wichtigste, was ich euch sagen kann, ist, wenn ihr euch nicht wohl bei euch fühlt, fühlt ihr euch auch nicht wohl in euren Wohnungen. Also, der Weg ist der, zunächst nicht die Wohnung zu ändern, sondern eure innere Befindlichkeit zu überprüfen. Und dann seht ihr, ob da Überflüssiges drin ist, ob da Dinge drin sind, die ihr nicht mehr braucht, die früher für euch einen Sinn gehabt haben. Dann guckt in eure Wohnungen und tut alles raus aus diesen Wohnungen, wozu ihr nicht wirklich eine Verbindung habt. Eine Verbindung zu dem, was mit euch und eurer Lebensform, die in diesem Moment gelebt wird, zu tun hat.
Entfernt alles, auch wenn es besonders kostbar war, auch wenn es von der Oma geerbt ist (lachen), *auch wenn es andere Bezüge hat, die nicht mit euch persönlich identisch sind. Verschenkt es, ver-*

kauft es, stellt es vor die Tür und so weiter. Alle Gegenstände, die nicht wirklich mit euch jetzt zu tun haben, schlucken Energie und stauen euch. Ihr seid nicht mehr frei, jedenfalls anteilig, für das, was in diesem Moment passiert. Ihr seht euch vor, obwohl ihr tanzen wolltet, weil ihr sonst eventuell an den Spiegel stoßt, der von Tante Friederike ist. Besser, ihr tut den Spiegel weg und bewegt euch, weil die Erfahrung, die ihr bei der Bewegung macht, in dem Moment mit euch zu tun hat. So, ich denke, jeder von euch, der hier sitzt, egal, ob er eine eigene Wohnung bewohnt oder ob er nur anteilig eine bestimmte Zeit in einer Wohnung wohnt: Tut raus, was mit euch nichts zu tun hat. Wann immer ihr etwas Neues braucht, werdet ihr es haben. Ihr braucht nichts aufzuheben und zu sparen. Lebt alle Kanäle, die möglich sind.

So. Nun hatte ich gesagt, ihr findet die Wohnungen vor. Gut, entweder entscheidet ihr euch, daß ihr diese Wohnungen so verändert, daß sie euch entsprechen, oder ihr baut ganz andere. Laßt uns bei dem Moment bleiben, in dem ihr die Wohnungen verändert. Ich bitte euch, lauft von Zeit zu Zeit eure Wohnräume ab und lernt zu spüren, in welchen Teilen die Energie nicht mehr fließen kann. Macht die Augen zu, laßt alle Geräusche draußen, versenkt euch in eine Meditation, und aus dieser Meditation heraus schreitet eure Räume ab. Ihr werdet alle in der Lage sein, herauszufinden, wo es anders riecht. Und wenn ihr einen solchen Punkt gefunden habt, dann stellt euch hin und atmet, euch als Kanal benutzend, vom Himmel in den Erdmittelpunkt. Solange, wie ihr das empfindet. Sollte es sich um die berühmten rechten Winkel handeln, die wunderbar geeignet sind, Stauenergien oder das, was ihr negativ nennt, zu sammeln, wenn ihr also diese wunderbaren rechten Winkel in euren Wohnungen habt, dann lauft in diesen Ecken Spiralen, die ihr bewußt nach oben und nach unten hin ausatmet. Geht also in eine Ecke, laßt euch führen, in welche Richtung ihr laufen sollt - die, die euch einfällt, ist die richtige - und lauft diese Spirale, indem ihr sie atmet, lauft sie in der Ecke aus, indem ihr sie in den Mittelpunkt zieht. Ihr bewegt damit die Stauenergien, die von euch selbst oder anderen Menschen mitge-

bracht werden. Ihr könnt das unterstützen, indem ihr reinen Weihrauch oder reines Incense benutzt. Laßt bitte die parfümierten Teile weg.

T: Was ist denn Incense?

Alles, was du verbrennen möchtest. Du kannst Salbei nehmen, du kannst Räucherstäbchen nehmen, du kannst Salze nehmen usw. Das aber, was du verwendest, sollte so rein wie möglich sein. Wiederholt eine solche Reinigung eurer Räume entweder immer dann, wenn ihr das Gefühl habt, oder in Abständen von circa vier bis sechs Wochen. Und immer, wenn ihr in dieser Zeit wieder etwas findet, was ihr eigentlich nicht braucht, tut es weg. Eure Freude an dem, was neu kommt, wird sehr viel größer sein. Das, was schon eine Weile da steht, löst eigentlich in den meisten Fällen keine Freude mehr aus. Und ihr wißt, einer unserer wichtigsten Lebenszwecke ist das Leben der Freude.

T: Schön.

So. Dann möchte ich noch etwas sagen: Wann immer ihr es möglich machen könnt: Baut eure eigenen Räume, auch wenn ihr in vorhandene Räume eure Eigenformen einbaut. Immer, wenn ihr eure eigenen Räume baut, spiegelt ihr euch aktiver und präziser und seid eher bereit, Veränderungen einzugehen. Dann lebt ihr ja normalerweise nicht allein. Ich mache euch einen Vorschlag: Setzt euch Zeiten, in denen der eine oder der andere den Vorrang hat zu gestalten. Es hat keinen Sinn, ihr Lieben, wenn ihr Kompromisse eingeht. Das befriedigt keinen von zwei Teilnehmern, oder sind es mehr, dann mehr.

Setzt euch Zeiten, in denen ihr sagt: Für diese Zeit möchte ich gerne, daß dieser Raum mich spiegelt. Und dann setzt euren Partnern eine gleichwertige Zeit und gebt ihnen die Möglichkeit, die Dinge so zu spiegeln, wie sie es gerne möchten. Der Idealfall wäre natürlich, wenn ihr euch ergänzende Spiegelungen aufbaut. Aber wir gehen davon aus, daß jeder von euch die Partner im Moment hat, die er braucht, um die Teile zu lernen, die im Moment anstehen. Und dann bitte ich euch, ihr Lieben, zankt euch heftig.

T: (lachen) Dann sind wir ja gut drauf.

Zankt euch, aber... dann gebt euch genügend Raum, euch mindestens genauso lange zu lieben. Auseinandersetzungen, die euch selber zeigen, welche Energien in euch wohnen und wie sie auf die Erde kommen möchten, sind lebensnotwendig. Ihr müßt nur aufpassen, daß ihr versteht, ihr lebt eine Energie, aber ihr seid diese Energie nicht. Ihr macht die Erfahrung für einen bestimmten Zeitpunkt oder einen bestimmten Zeitraum. Und der andere bietet euch die wunderbare Möglichkeit, daß ihr diese Erfahrung machen dürft. Und wenn sie vorbei ist, dann könnt ihr den Vorhang zuziehen und sagen: Dies war der Akt Nummer sowieso, jetzt ist er beendet. (Lachen)

Dann macht ihr euch klar, daß ihr nicht daran hängen müßt. Ich erinnere euch noch einmal: Das ganze Leben ist ein Erfahrungsweg, der den Akten im Theater gleicht.

Habt ihr denn alle schon nachgearbeitet, was ihr denn da so zu der Hochzeit erlebt habt? Verzichtet nicht darauf. Es ist eine große Schatztruhe für jeden.

Dann möchte ich noch etwas sagen, was mit dem Kern des Lichtringes zusammenhängt. Ihr seht, ich spreche heute das erste Mal von dieser Gruppe. Es ist nicht zufällig, daß die Personen anwesend sind, die da sind. Wir haben einen bestimmten Reifegrad erreicht, und euer Ziel oder eure Projektion besteht darin, gemeinsam als eine größere Gruppe Erfahrungen zu machen. Ihr Lieben, ich bitte euch, setzt, wenn ihr an dieses Thema denkt, eure individuellen Bedürfnisse ganz weit nach hinten und seht als erstes: Wie kann die Gemeinschaft leben und in sich, aus sich, sich durch sich entwickeln. Wenn ihr auf eure Selbste verzichtet, wenn ihr also

selbst l o s lebt, bekommt ihr ungleich viel mehr geschenkt, als wenn ihr eure individuellen Bedürfnisse absteckt.
Es ist wunderbar, wenn man einen Raum für sich haben darf. Aber legt bitte darauf Wert, daß jeder Raum zu gewisser Zeit mit anderen Personen geteilt wird. Ihr macht eure Erfahrungen in bezug auf den Begriff „Wohnen“, „Raumnehmen“, „Raumteilen“, „Raumgeben“. Und das Koordinatenkreuz, in dem ihr lebt, ist Raum u n d Zeit in jeder Sekunde.
Wenn ihr also plant, zusammenzuleben, dann setzt diese Intervalle an, von denen ich eben gesprochen habe. Und wenn ihr in größeren Gruppen lebt, dann gebt euch die Chance, mit jedem Teilnehmer eine gewisse Zeit über zu leben.
Wie das aussehen kann, müßt ihr selber entscheiden und strukturieren. Aber jeder kann mit jedem in einer geschützten Atmosphäre sehr viel mehr lernen als nur mit einem einzigen Partner. Wenn ihr also Arbeitsräume schafft, dann identifiziert euch nicht mit diesen Räumen, sondern seht sie an als eine Möglichkeit, in der man einen gewissen Zeitraum eine Erfahrung machen kann, die mit den eigenen Vorlieben verbunden ist.
Betrachtet jeden Raum so, als wäre er euer eigener, und betrachet jeden Raum so, als wäre er nicht euer eigener. Wendet so viel Liebe und Respekt an für alle eure Tätigkeiten und alles, was ihr benutzt.
Tut die Dinge bis zu ihrem Ende. Und wenn ihr sie beendet habt, dann wartet einen Moment, bis die Wirkung eurer Arbeit bei euch selber angekommen ist und in euch Zufriedenheit auslöst.
Und dann: Teilt diese Zufriedenheit mit den anderen. Wenn ihr bestimmte Strukturen aufstellt, wie ein Raum auszusehen hat, erklärt den anderen Menschen oder erklärt untereinander, warum ihr was wie gemacht habt, und betrachtet diese Erklärung als einen Teil der Auseinandersetzung, die ihr braucht. Und wenn es sich ergibt, dann findet neue, immer wieder neue Lösungen. Noch einmal: Verzichtet bitte darauf, eure privaten Bedürfnisse an erste Stelle zu stellen. Ihr müßt da jeder für sich eine bestimmte Norm

finden, eine bestimmte Regelung. Nur wißt ihr ja, daß die Regelungen sich danach ausrichten, was man für das Wichtigste hält. Und wenn ihr zusammenlebt, müßt ihr überlegen, wie ihr eure finanziellen Dinge regelt. Betrachtet bitte alles Geld, was ihr in der Hand habt, als das absolut eigene Geld und gleichzeitig als das absolut nicht eigene Geld. (Lachen) *Jaja, ich weiß, das ist schwierig. Wenn ich nun einen Lutscher brauche, wer kriegt ihn dann noch. Aber wenn ihr verstanden habt, was ich sagen wollte, dann werdet ihr Lösungen finden. In dem Moment, in dem ihr eure eigenen Räume öffnet, habt ihr euer Herz geöffnet. Und ihr bekommt viel mehr, als ihr euch je habt vorstellen können.*
Dient mit Freude euch selbst und den anderen. Öffnet euch mit Freude allem, was euch begegnet. Teilt bitte. Ihr bekommt immer einen anderen Teil dazu, den ihr selber gar nicht produzieren könnt. Stellt euch vor, ihr lebt Rot und ein anderer lebt Blau, dann gebt ihr einen Teil Rot und bekommt einen Teil Blau. Ist das nicht schön? Und wenn ihr das weiter tut, ist jeder von euch das, was er wirklich ist: Eine wunderbare Erde und ein wunderbarer Regenbogen.
So. Ich glaube, das reicht.

T: Für heute schon.

Mir ist es jetzt recht, daß ihr sprecht. Fragt alles, was euch einfällt. Und wenn es gefallen ist, dann laßt es bitte rollen.

Seth-Abend 8. August 1995:

PFLANZEN UND WACHSEN

Guten Abend, meine Lieben!

T: Guten Abend.

Es freut mich, immer mehr Personen hier zu sehen, immer neue Gesichter zu sehen. Es freut mich. Aber die Freude ist nicht nur auf meiner Seite. Ihr sollt sie auch fühlen.
Am Anfang steht mein berühmtes Sprüchlein, solange bis ihr es entweder wach oder im Traum singt. Wir können das auch, wie ihr wißt, gemeinsam tun, das mit dem Singen meine ich.
Also: bitte benutzt eure Stimme. Bitte benutzt eure Stimme. Bitte benutzt eure Stimme.
Ich habe keinen Sprung. Ich möchte nur, daß ihr wirklich hört. Wann immer ihr eure Stimme benutzt, egal ob ihr etwas Wesentliches sagt oder nur vor euch hinlallt, immer wenn ihr eure Stimme benutzt, freut sich jede Zelle eures Körpers. Sie hört und fühlt und weiß: Ich bin zu Hause. Ich bekomme alle notwendigen Informationen. Ich kann ganz ruhig sein.
Wenn ihr eure Stimme benutzt, erfreut ihr aber nicht nur eure Zellen, sondern ihr erfüllt eure Bestimmung auf Erden. Menschen haben eine Stimme und die Fähigkeit zur Artikulation. Wann immer ihr eure Stimme benutzt und etwas sagt, formt ihr euch, formt ihr euren Körper; hört mich: euren Körper! formt ihr eure Umwelt, formt ihr alles, was mit euch in Berührung kommt.
Bitte benutzt eure Stimme. Und der nächste Aspekt zum Benutzen der Stimme besteht darin, daß ihr euch untereinander bewußt verbindet. Wenn jemand spricht, hören die anderen automatisch und in ihnen werden alle die Dinge angesprochen, die in diesem Moment parat sind. Haltet euch bitte nicht zurück, auch wenn ihr

lacht - und da haben wir einen Spezialisten - auch dann erfreut ihr euch und die anderen. Aber das habt ihr mehrere Male selber erlebt. Dazu brauche ich euch nichts zu sagen.
Und nun nimmt sich bitte jeder vor, daß er irgendetwas sagt, damit er t e i l -genommen hat, denn eure Anwesenheit hier ist nehmen. Es muß ja nicht intelligent sein, was jemand sagt. Es muß auch gar nicht zum Thema passen. Es soll nur mit euch übereinstimmen.
Und dann bitte ich euch etwas. Auch wenn ihr jenseits dieses Kreises seid, gilt natürlich das gleiche: bitte gebraucht eure Stimme. Und wenn ihr Menschen hört, die ihre Stimme nicht in Balance benutzen, das heißt, die ausschließlich reden, dann haltet sie an wie immer. Aber nicht, indem ihr ihnen etwas verbietet, sondern indem ihr euch zu Worte meldet und sagt: Warte mal. Ich habe auch was zu sagen. Traut euch bitte! Also, hier könnt ihr üben, und draußen werdet ihr Meister. Einverstanden?

T: Ja.

Gut.
Also. Das Thema heute ist: P F L A N Z E N U N D W A C H S E N oder *W A C H S E N U N D P F L A N Z E N .*
Das ist ein und dasselbe zu einem anderen Zeitpunkt.
Ihr Lieben. Ihr seid Pflanzen. Ihr seid genauso lebendig wie Pflanzen, oder Pflanzen sind so lebendig wie ihr. Sie sind Spiegel eurer selbst. Sie tragen die Energie, die ihr abgebt. Sie sind nicht nur eure Spiegel, sondern sie sind eure Heiler.
Ich möchte euch folgendes empfehlen. Jeder von euch übernimmt mindestens eine Pflanze und sorgt sich um diese Pflanze, um ihr Wachstum. Darum, daß sie alles hat, was sie braucht. Darum, daß sie in richtiger Umgebung steht. Darum, daß sie Zuspruch bekommt von euch oder von anderen Wesen, die ihr damit beauftragt. Und dann werdet ihr erleben, daß diese Pflanze, indem sie euch spiegelt, euch gleichzeitig vermittelt, daß ihr wachst. Daß ihr

Zuspruch bekommt. Daß i h r an den richtigen Platz kommt. Daß i h r euch ausbreiten könnt. Daß i h r eure Nachbarn wählen könnt. Daß i h r euch benehmt oder lebt wie eine Pflanze.

Das, was euch - von außen betrachtet - von einer Pflanze unterscheidet, ist, daß ihr euch fortbewegen könnt. Ihr lauft von dem Ort hinweg, an dem ihr gerade seid, könnt an alle Orte laufen, könnt ins Wasser gehen, könnt in die Luft gehen. Das kann eine Pflanze nicht. Aber, wenn ihr lauft, tut ihr das gleiche, was eine Pflanze tut. Ihr schmelzt in jedem Moment, bei jedem Schritt die Energie der Erde, die mit euch korrespondiert.

Wenn ihr also guter Laune seid und über die Straße lauft, über den Waldboden lauft, dann empfängt die Erde eure gute Laune, eure gute Stimmung und schmilzt die Teile, die mit dieser Energie in Übereinstimmung stehen. Das gilt nicht nur für die gute Laune, sondern es gilt für jede Energie, die ihr in einem bestimmten Moment lebt.

Ihr könnt also, wenn ihr über die Erde lauft, riechen, welche Energien über sie gelaufen sind.

Ihr könnt riechen, ob es sauer riecht, ob es bitter riecht, ob es süß riecht, und könnt daraus schließen; die Wesen, die an diesem Ort gewesen sind, haben die Gerüche produziert, die ihr wahrnehmt. Wenn ihr in eurer Balance seid, wenn ihr in eurer Mitte seid, riecht ihr süß. So süß, wie Babys riechen. Wenn ihr also in einem solchen Zustand über die Erde lauft, schmelzen Teile, die mit dieser Süße übereinstimmen.

Pflanzen tun dasselbe. Sie schmelzen die Erde mit den Energien, die sie brauchen, um zu leben. Es ist ein Austauschprozeß. Wenn ihr also Pflanzen wählt nach eurem Gefühl, dann verstärkt ihr die Energie, die ihr selber produziert, unter der Vorraussetzung, daß ihr euch um diese Wesen kümmert. Und es passiert etwas Wunderbares. Alle Organe, besonders der Bereich der Leber, wachsen mit der Pflanze und heilen mit der Pflanze. Ihr könnt euch, wie ich das gerade gesagt habe, eine Pflanze wählen, für die ihr die Sorge übernehmt. Ihr könnt aber auch Pflanzen die draußen stehen, eurer Obhut unterstellen. Ihr könnt Pflanzen mit der Grundeinstel-

lung begegnen, daß ihr sie wahrnehmt und ihnen in dieser Liebe der Wahrnehmung begegnet. Auch dann, wenn ihr nicht bei jedem Baum, an dem ihr vorbeikommt, das Bewußtsein habt, daß ihr mit diesem Baum in Kontakt treten möchtet.

Ich bitte euch, diese Grundeinstellung der Liebe und der Hochachtung nicht nur in euren Köpfen zu haben. Wenn ich euch jetzt nämlich fragen würde: Wie fühlst du in bezug auf Pflanzen, dann würde niemand von euch etwas gegen Pflanzen sagen. Aber, ihr Lieben: es kommt nicht darauf an, was ihr denkt, sondern es kommt darauf an, was ihr fühlt. Wir müssen wieder zu dem Zustand zurückkehren, in dem ihr das Fühlen über euren Verstand setzt. Wir müssen wieder zu diesem Zustand zurückkehren, bei dem ihr eurer Intuition mehr traut als eurem Verstand.

Wenn ihr nämlich entschieden habt, ihr f ü h l t an erster Stelle, dann fühlt ihr nicht nur euch, sondern ihr fühlt alles, was um euch drumrum ist. Ihr nehmt wahr, wenn da Tiere sind, die euch brauchen. Ihr nehmt wahr, wenn da Pflanzen sind, die euch brauchen.

Ihr könnt nicht ohne Pflanzen leben. Und noch einmal. Bitte entscheidet in eurem Gefühl, daß ihr die Pflanzen, die euch umgeben, als vollwertige, gültige Partner - Lebewesen wie euch selber - akzeptiert. Daß ihr sie fühlt und ihnen dient. Ich habe euch schon so oft gesagt und tue es heute wieder: die Umweltverschmutzung, von der ihr so oft sprecht und die ihr fürchtet, entsteht nicht in euren Fabriken, sondern sie entsteht in euch, in jedem von euch.

Wenn ihr darauf verzichtet, als Pflanze zu leben, im Bewußtsein der gleichen Energie: des Wachsens, des sich Ausdehnens, des Austausches miteinander - wenn ihr also darauf verzichtet, verschmutzt ihr euch. Und das, was euch umgibt, ist dann nur noch die Projektion eurer selbst. Dann fangt ihr an, einen Schuldigen zu suchen, und konzentriert diesen Prozeß auf diese Weise immer mehr.

Ihr könnt s e h r e i n f a c h und v i e l wirksamer als alle Demonstrationen, die ihr bis jetzt vielleicht besucht habt, wirksam sein, und zwar ohne Gegenwirkung, wenn ihr euch entscheidet zu lieben. Liebt das Gräschen am Rande, den großen Baum, und lernt, wie man das tut, indem ihr euch in euren häuslichen Bereich eine Pflanze stellt, die ihr als Partner akzeptiert oder - besser gesagt - liebt.

Zeigt euren Kindern, wie man liebt. Daß man die Blätter nicht abrupft, um ein Orakel zu haben, ob jemand euch liebt oder nicht. In dem Moment, in dem ihr das Orakel auf diese Weise versucht zu leben, habt ihr ein Leben beendet.

Ihr braucht die Pflanzen viel mehr, als euch bis jetzt vermutlich im Bewußtsein ist. Schützt alles, was mit Pflanzen zusammenhängt. Benutzt nicht den Rasen, über den ihr geht, weil der Weg kürzer ist. Laßt den Pflanzen, die da sind, die Chance zu sein.

Und wenn ihr junge Menschen, die noch weniger davon verstehen oder die man nicht gelehrt hat, darüber zu verstehen, wenn ihr sie dabei erwischt, daß sie die Wege nehmen, die Pflanzen zerstören, geht hin und liebt diese jungen Menschen. Wenn ihr etwas verbietet, haben sie einen Grund zu sagen: Nun gerade nicht. Wenn ihr hingeht und sie liebt und sie darauf aufmerksam macht, daß sie selbst geliebt werden, habt ihr die Chance, daß sie diese Liebe weitergeben. Das müßt ihr ja nicht mit dem erhobenen Zeigefinger tun. Macht es so fröhlich wie möglich, aber so wirksam wie möglich. Nur: fangt bei euch selber an.

Es ist richtig, daß im Laufe der Geschichte der Erde die Pflanzenformen sich verändert haben.

Es ist richtig, daß das Leben nicht sterben wird. Aber es gibt viel mehr Freude, viel mehr Heiterkeit, viel mehr Selbstbewußtsein, wenn ihr anfangt, die Dinge, die um euch sind, für gleichwertig zu halten.

Noch etwas. Wenn ihr selber in die Lage kommt zu pflanzen, dann setzt euch in Verbindung - in Kontakt - mit den Pflanzen, die ihr pflanzen wollt. Ihr werdet erstaunt sein, was sie euch alles erzählen. Haltet bitte für wahr, was ihr empfindet, was ihr versteht, was ihr an Bildern seht, die als Antwort kommen auf eine Frage, die ihr Pflanzen stellt. Ihr seid alle in der Lage, mit diesen Wesen zu korrespondieren. Macht einmal den Versuch. Und wenn er nicht gleich gelingt, dann seid nicht traurig darüber, sondern macht einen weiteren. Es ist ein wunderbares Gefühl zu entdecken, daß diese Korrespondenz funktioniert. Es gibt Menschen, die mit Pflanzen sprechen, und Pflanzen, die darauf mit Bewegung antworten - mit sichtbarer Bewegung. Ihr alle habt diese Fähigkeit. Und wenn ihr sie anwendet, kommt sie nicht nur dieser Korrespondenz zugute, sondern euch selbst, weil ihr gelernt habt, mit Teilen zu sprechen. Also könnt ihr auch mit Teilen eurer selbst sprechen.

Ich möchte heute zu dem allgemeinen Thema nicht mehr sagen und euch die Zeit geben, mit mir zu sprechen. Ich möchte euch vorher daran erinnern: ihr und wir - wir sind gleichwertig. Wir sind nicht mehr als ihr, sondern wir sind anders. Wir haben andere Bereiche, in denen wir im Prinzip unser Leben leben, als ihr. Das sagt aber nichts darüber aus, ob wir oder ihr mehr wert sind. Bitte betrachtet uns als Freunde, mit denen man reden kann, so wie ihr mit physischen Freunden sprecht, in Ehrfurcht und Achtung vor euch selbst.

Und jetzt ist die Arena frei.

Seth-Abend 15. August 1995:

SPIEGEL SEIN

Guten Abend, meine Lieben.
Ihr seht schon, ihr müßt ein bißchen geduldig sein bei größeren Störungen (Geräusche von außen).
Laßt euch nicht verunsichern, es ist alles in Ordnung.
Zunächst mein berühmtes Sprüchlein. Im übrigen solange, bis jemand von euch mein Sprüchlein sagt in den Worten, in denen er das gut findet.
Also, ihr Lieben, vergeßt nicht zu sprechen, vergeßt nicht zu tönen, vergeßt nicht, eure S t i m m e zu benutzen, so daß es s t i m m t . Erst wenn es stimmt, wenn es schallt, wenn ihr gemeinsam schallt, erst dann nehmt ihr wirklich teil. Erst dann tut ihr etwas, was in ein Zentrum fließen kann. Das heißt, ihr zentriert.
Bitte verzichtet nicht darauf, eure Stimme erschallen zu lassen, wie laut und wie leise ihr das immer wollt. Wagt euch! Wagt euch bitte, alles zu sagen, was euch einfällt, auch dann, wenn es überhaupt nicht zum Thema gehört. Ihr wißt ja, daß es doch zum Thema gehört.
Bitte enthaltet den anderen, die da sind, eure Gefühle nicht vor.
Erst wenn ihr mit allen S t i m m - ungen, mit eurer Stimme und allen dazugehörigen S t i m m - ungen teilnehmt, erleuchtet ihr selber den Teil in euch, der mit dieser S t i m m - ung zusammenhängt. Und ihr bietet dem anderen die Möglichkeit, auf das zu r e agieren, was ihr gesagt habt. Und dann könnte es sein, daß es der richtige Zeitpunkt dafür ist, daß den anderen etwas klar wird, weil sie auf eure Energie gewartet haben.
Wir haben da so ein paar kleine Tricks, wie wir die Stimme anwenden. Aber vielleicht haben wir diese kleinen Tricks gar nicht nötig, und ihr spielt alleine. Im übrigen, es ist vollkommen egal,

ob ihr etwas sehr Intelligentes oder nur mäßig Intelligentes oder gar nicht Intelligentes sagt. Eurer Körper, alle eure Zellen freuen sich, wenn sie eure Stimme hören. Und ihr könnt den berühmten Test machen: Je weiter ihr die Blockaden aus euren Körpern entfernt habt, je weiter dringt die Stimme. Und ihr könnt eure Stimme im großen Zeh fühlen oder auch im kleinen oder wo ihr gerne möchtet.

Es ist eine wunderbare Schwingung da, wenn ihr leicht geworden seid. Und ihr könnt nur leicht werden, wenn ihr eure Stimme benutzt, wenn ihr sagt, was ihr fühlt, wenn ihr ausdrückt, was ihr fühlt.

Das war der Anfang. Und demnächst macht irgendeiner von euch dieses Sprüchlein für mich. Ihr könnt euch ja mal überlegen, wer dazu Lust hat.

Gut. Ihr Lieben, ich möchte heute darüber sprechen, was ihr einer für den anderen seid: nämlich S P I E G E L .

Ich werde mich eines Vergleiches bedienen. Jeder von euch ist ein wunderbarer Ball, in dem alle Farben sind, in allen nur möglichen Nuancen. Ihr seid ein wunderbarer Regenbogenball - leuchtend und strahlend. Aber ihr müßt das Licht, das da in euch leuchtet, anmachen.

Und nun stellt euch vor, es kommt ein Ball, der gerade alle螺Rottöne anhat, und der leuchtet und trifft einen anderen Ball. Was wird er wohl anstrahlen? Das, was er selber hat und was ihn reflektiert, nämlich alles, was rot ist, und alles, was gelblich-rot ist und was nach der einen oder der anderen Seite der Welle Rot leuchten kann. Was passiert jetzt? Euer Rot und das Rot des ersten Balles verstärken sich gegenseitig. Das Rot des ersten Balles und das Rot des zweiten Balles werden intensiver. Beide werden intensiver und zwar durch das Rot des ersten Balles.

Was heißt das?

Das heißt, übertragen auf eure persönliche Situation: jemand, der die Farbe Rot lebt, trifft jetzt jemanden, der auch die Farbe Rot lebt. Beide spiegeln sich. Und beide erkennen durch einander, ineinander oder miteinander die wunderbare Möglichkeit des eigenen Strahlens. Die wunderbare Tatsache, daß es ein Rot gibt, eine Qualität, eine Farbe, die grundsätzlich so benannt wird, und dann, welches Rot es gibt und wie lange es strahlt und wie intensiv es strahlt und welche Nuancen bei der einen und welche Nuancen bei der anderen Person heller sind. Das Prinzip Rot aber strahlt bei beiden.

Und was ist dann passiert?

Es ist genau dieser Schöpfungsakt passiert, den ihr in eurer Bibel findet. Da steht: Gott schuf den Menschen sich zum Bilde.

Gott selbst - nach der Auffassung der Bibel und allen anderen Büchern vergleichbarer Art - verwendet einen Spiegel, setzt eine Beschränkung, um eine seiner Qualitäten bis in die Unendlichkeit zu erweitern und fortzuentwickeln. Etwas, was ihn selber anschaut, re-flektiert etwas, was ihn darstellt.

Setzen wir den Fall, ihr lebt Rot. Wenn ihr also ein Rot trefft, trefft ihr auf eure eigene Qualität, die im Moment des Treffens anfängt zu leuchten. Euer Rot ist eine Qualität, die ihr immer habt, derer ihr euch aber nicht unbedingt bewußt seid. Erst in dem Moment, in dem ihr einen Spiegel trefft, versteht ihr, was bei euch leuchtet.

Und dieses Prinzip des Spiegelns betrifft jeden Menschen, den ihr trefft. Ihr sitzt also hier in einem Kreis. Alle Mitglieder dieses Kreises sind Repräsentanten bestimmter hervorragender Energien, hervorragender Lebensaufgaben, die zu leben sie entschieden hatten.

Jeder einzelne von euch hat alle Qualitäten. Aber erst, wenn ihr euch mit den einzelnen Personen auseinandersetzt, bekommt ihr die Möglichkeit, spezifische Teile eurer selbst zu erkennen in der Spiegelung des anderen.

Sagen wir also, einer von euch lebt Liebe, ein anderer von euch lebt Haß, ein nächster von euch lebt Verkettung, ein nächster lebt das, was euch gerade einfällt. Wenn ihr jetzt also den Personen gegenübertretet, nehmen wir z.B. das erste Beispiel - eine Person lebt Liebe - dann habt ihr alle Resonanzen, die mit diesem Inhalt zusammenhängen. Versteht ihr? Alle Resonanzen! Das heißt dann

also auch, die, die als Liebe noch nicht zu erkennen sind, die die negative Form, die noch nicht entwickelte Form des Inhaltes Liebe sind.
Je weiter ihr bewußt seid, desto weiter wird die Person, die entschieden hat, die Qualität Liebe zu leben, bei euch leuchten und ihr werdet sie leuchten machen.
Setzen wir den Fall, einer von euch trifft jemanden, der nur schimpft, dem das nicht recht und das nicht recht ist und das nicht recht ist.
Was für eine Qualität lebt er? Er lebt eben die noch nicht bewußte Form des Akzeptierens des Lebens. Und was passiert mit euch? Entweder ihr reagiert auf diese Form der Kritik, oder sagen wir: die Form des Noch-Nicht-Verstehens, dann treffen euch die gleichen Energien. Das heißt, auch bei euch wird angestoßen, was noch nicht vollkommen ist, was noch nicht im Bewußtsein ist. Damit habt ihr die Möglichkeit festzustellen, das und das und das muß ich leben, und das kann ich ändern in meiner Ansicht. Oder aber ihr versteht, daß der andere noch nicht so weit ist wie ihr, und ihr reicht ihm die Hand und seid ruhig, bleibt zentriert in euch selber und vermittelt ihm damit, daß es sich lohnt, auf das Schimpfen zu verzichten. Denn dann erst kommt er in die Form, die er gerne leben möchte, nämlich die erlöste Form der Liebe.
Und in allen Büchern, in allen Überlieferungen aller Kulturen findet ihr einen Satz, der etwa dem eben Gesagtem vergleichbar ist. In eurem heiligen Buch steht: Liebet eure Feinde. Ihr braucht das Wort Feind nicht wörtlich zu nehmen. Ihr könnt es so verstehen, daß es jemand ist, der noch nicht zu euren Freunden gehört.
Welche wunderbare Aufgabe hat diese Person „euer Feind“? Sie spiegelt euch das, was bei euch noch nicht entwickelt ist, was bei euch noch im Schatten ist, im Noch-Nicht-Bewußtsein. Ihr könnt das Wort dafür wählen, das ihr möchtet.
Und ich sage euch noch mal, so oft ich es auch schon gesagt habe: ihr seid auf diese Welt gekommen, um die Erfahrung zu machen, in Beziehungen zu leben, welcher Art immer.

Das heißt, mit jedem Schritt trefft ihr auf einen Spiegel. Macht euch das klar. In jeder Sekunde seid ihr aufgerufen, euch selbst zu betrachten und die Dinge, wenn sie nicht in der Balance sind, zu leben, solange, bis sie in die Balance gekommen sind.

Jeder, den ihr trefft, jeder ist ein Spiegel eurer selbst.

Wenn ihr euch in einem materiellen Spiegel betrachtet, seht ihr, daß er die äußere Form des Menschen, der euch gegenüber ist, annimmt. Er spiegelt den Körper, oder er spiegelt die Physiognomie und alles andere, was vorhanden ist. Wenn ihr bereit seid, auf den anderen zuzugehen oder auf den anderen einzugehen, seid ihr wirklich, dann, wenn ihr euch auf einen Gegenüber konzentriert, in dieser Person drin. Das heißt, ihr könnt unmittelbar an euch selbst, an eurer eigenen Physiognomie, an euren persönlichen Reaktionsweisen ablesen, wen ihr vor euch habt.

Manchmal nehmt ihr sogar physische Erscheinungsformen des Gegenüber an, ihr seht ihm ähnlich. Auch ihr, die ihr Menschen seid, jeder mit einer Form, also nicht nur neutral reflektierendes Glas, spiegelt dennoch genau den Menschen, der euch gegenüber ist.

Und jetzt kommt etwas, was ihr zwar alle erfahren habt, aber was euch sicher nicht so klar ist. Jede Person erlebt jede andere Person anders. Wenn ihr also sagt, die Person „X" hat die und die Eigenschaften, dann teilt ihr e u r e Wahrheiten mit, die für eine andere Person, die von der gleichen Person spricht, nicht zutreffen müssen. Sie treffen nur insofern zu, oder diese Wahrheiten ergänzen sich nur insofern, als die zweite Person neben euch ein ähnliches Muster hat wir ihr. Dann erlebt sie einen Spiegel in ähnlicher Weise.

Ich habe euch gesagt, jeder von euch erschafft seine eigene Realität. Ja! Und jeder von euch hilft dem andern, die andere Realität um die eigene persönliche Qualität zu bereichern.

Ihr lebt in einem ständigen Austausch. Und wenn ihr euch dessen bewußt seid und wenn ihr es zulaßt, dann schwebt ihr ständig im Gefühl des Glücks.

In dem Moment aber, in dem ihr euch abgrenzt und die anderen nicht an euch heranlaßt, steht ihr in der Stagnation. Es ist so, wie wenn ihr einen Staudamm in einen Fluß baut. Das muß zu Überschwemmungen oder anderen nicht fließenden Erscheinungen kommen.

Das, was ihr tun könnt, ist: klar entscheiden in jeder Sekunde, wo für euch die Grenze des Erträglichen ist. Das ist eure bewußte Grenzsetzung.

Aber gleichzeitig seid bitte stets und ständig in dem Bewußtsein, daß ihr niemals von den anderen Dingen abgeschnitten seid. Je mehr Energie ihr durch euch fließen laßt, je mehr Punkte dieses bunten Balles ihr bereit seid, hell werden zu lassen, desto erfüllter lebt ihr, desto glücklicher seid ihr und desto besser werden alle Dinge sein, die ihr tut. Alle eure Arbeiten werden euch gelingen, ihr werdet Freude für euch und alle euch treffenden Menschen sein.

Und wenn ihr Schwierigkeiten habt, ich sage es noch einmal, mit irgendwelchen Personen, dann macht euch klar, welche Qualität lebt die Person, mit der ihr Schwierigkeiten habt. Und dann fragt: warum spiegelt diese Qualität mich nicht in Freude? Und ihr werdet unweigerlich auf euer moralisches Konzept stoßen, ihr werdet unweigerlich auf eure Glaubenssätze kommen, ihr werdet auf das kommen, was euch hindert, wirklich ihr zu sein!

Und, ihr Lieben, erst wenn ihr gewagt habt, alle Qualitäten, die ihr habt, wirklich zu leben, erst dann kommt ihr in diese namenlose Freude. Ich spreche also auch von den Qualitäten, die eure Kulturen für nicht sehr lebenswert halten. Es ist das, was ich euch mehrfach schon gesagt habe: folgt euren Impulsen und macht euch klar, warum an welcher Stelle ihr welche Gefühle lebt und weiter in bezug auf welche Person.

Es ist das Prinzip, nach dem das Leben auf der Erde geordnet ist, daß ihr durch die Spiegelungen wachst.

Einer kann nicht ohne den anderen sein, und alle seid ihr in diesem Sinne gleich. Wenn ihr so lebt, dann seid ihr jenseits der kul-

turellen Beurteilung und jenseits der Beurteilung von anderen Menschen, nämlich was jemand gilt und was nicht.
Macht euch klar, jeder von euch hat entschieden, welche Qualitäten er leben möchte, welche Qualitäten er erproben möchte. Und erst zusammen seid ihr der größte bunte Ball. Wenn einer fehlen würde, gäbe es diese Farbe, den Ton, die Einmaligkeit dieses Individuums nicht mehr.
Ihr wißt alle, daß ihr Spiegel seid füreinander. Aber bitte, ich bitte euch ausdrücklich, guckt doch mal genauer hin. Physikalisch handelt es sich um das Gesetz der Resonanz. Alles, was ihr für gut haltet, alles, was ihr für schlecht haltet, zieht ihr an oder ihr steht in Zusammenhang damit. Ihr kommt in keine anderen Situationen, als die, die euren Qualitäten entsprechen.
Hat einer von euch eine gute Idee, wie wir oder wie jeder von euch sich selbst kontrollieren kann, insofern er die Intensität der Beobachtung erhöht in bezug auf dieses Thema?
Denkt doch mal nach, es muß ja nicht sofort eine Antwort geben. Vielleicht fällt ja irgend jemandem oder auch mehreren Personen in diesem Treffen ein, wie man seine Selbstbeobachtung erhöht und das Bewußtsein dafür schärft, wer einem gegenübertritt.
Jetzt möchte ich schließen mit dem Thema, was ich euch gegeben habe, und möchte lieber auf eure Fragen und Ansätze und Einwände antworten.

Seth-Abend 22. August 1995:

ILLUSION

Guten Abend, meine Lieben!

T: Guten Abend!

Ich bin euch zutiefst dankbar, daß ihr bei solcher Wärme herkommt. Aber ich kann euch trösten. Bei uns ist es zur Zeit auch ein bißchen heiß, und mit den Fragen, die sich darauf beziehen, aber auch wenn sie nicht kommen, bin ich einverstanden.
Ihr Lieben, denkt daran, das Wichtigste, was ihr tun könnt, wenn ihr hier seid, ist, daß ihr mit eurer Stimme teilnehmt. Ich sage euch das wieder und wieder: alles, was ich weiß, wißt ihr auch: Wenn ihr aber nicht sprecht, regt ihr eure Gedanken nicht an, regt ihr eure Gefühle nicht an und bleibt in dieser Unbeweglichkeit. Ich bitte euch also: Sprecht!
Es ist egal, wie ihr eure Stimme benutzt, ob ihr singt oder sprecht oder gurrt oder lacht oder was immer euch einfällt, tut. Macht euren Zellen das Geschenk ihrer Zusammengehörigkeit. Überall an allen Enden und Ecken eures Körpers gibt es jede nur mögliche Information, aber solange ihr das Instrument nicht zum Schwingen bringt, wird es stumm sein. Und noch etwas, woran ich euch wieder und wieder erinnere: wenn einem von euch etwas einfällt, f ä l l t , hat er nicht viel dazu getan.
Es fällt in ihn hinein. Bitte macht dann diesen Einfall allen anderen zum Geschenk. Durch das, was ihr sagt, regt ihr die anderen an, entweder zu reden oder zu denken oder später zu verstehen.
Bitte denkt daran, ihr seid soviel wie wir, wir haben etwas von euch und ihr habt etwas von uns, wenn wir einen Dialog führen, nicht aber wenn ich hier sitze und verkünde und ihr die kleinen Mäuschen mit den großen Ohren seid.

Nehmt euch bitte wahr und wagt euch: Alles, wovor einer Angst hat, davor hat auch jeder andere Angst. Und wenn ihr diese Kette durchbrecht, tut ihr es für euch in dem jeweiligen Moment. Aber ihr tut es ganz bestimmt auch für die Energie, die ihr befreit, indem ihr Gedanken zu bestimmten Inhalten äußert. So, das war mein Vorsprüchlein.
Ich hatte euch ja angekündigt: es dauert nicht mehr lange, und dann zähle ich ab, und ihr sprecht. Jetzt fangt bitte sofort an zu zittern: hoffentlich trifft es nicht mich. Gut.

So, ihr Lieben: Mein heutiges Thema heißt: I L L U S I O N .

T: Es stört die Stimme draußen, ich kann ihn nicht hören.

Es tut mir leid. Hört! Hört! Danke, Donga. Vielleicht macht ihr, sagt ihr einfach, wenn ihr genug habt. Dann machen wir eine Pause, und dann machen wir alles auf, was geht.
Ich hatte gerade angefangen, mein Thema mitzuteilen, das Thema ist: Illusion!
Meine Lieben, in dem Moment, in dem ihr diese Erde betretet, habt ihr euer Programm in der Tasche und begebt euch in eine bestimmte Kultur, begebt euch in einen bestimmten Zusammenhang menschlichen Lebens. In diesen Kulturen wird mitgeteilt, was wert ist und was nicht wert ist, was erlaubt ist und was nicht erlaubt ist. Was Männer dürfen, was Frauen dürfen, was sie ganz sicher nicht dürfen, und wohin das Ziel dieser Kultur führt.
Meine Lieben, ihr braucht, wenn ihr kommt, diesen Orientierungsrahmen, denn wie ihr wißt, Energie ist neutral, sie ist ein Treibstoff, der zu allem verwendet werden kann, was einem einfällt. Ihr braucht aber, um euer Design, um euer Muster leben zu können, einen Rahmen, von dem aus ihr eine bestimmte Spannung fühlt, Entwicklung. Das wissen die Techniker besonders. Bewegung findet nur statt, wenn ihr zwei sich entsprechende Pole habt. Die Spannung, die dazwischen entsteht und unterbrochen wird durch

das Muster eines Individuums, ist der Rahmen, auf dem ihr eure Erfahrungen macht.

Laßt mich das Beispiel des Bruders David nehmen, um euch zu erklären, was ich meine: das Ziel aller eurer Entwicklungen besteht darin zu transformieren, besteht jede Sekunde eures Lebens darin, etwas zu transformieren, etwas klarer zu machen, als es vorher war, bis zu dem Moment, in dem ihr voller Freude dankbar seid für jede weitere Situation, die ins selbe Muster fällt.

Das ist ein Satz, der eigentlich nachher erst kommen sollte, ich habe ihn aber eben schon einmal genannt.

Also, jeder Mensch hat die Fähigkeit zu sprechen, aber er braucht eine bestimmte Sprache, die er sicher lernen muß, deren Werte und Inhalte er sicher lernen muß, um seinen eigenen Standpunkt daraus zu definieren. In dem Moment, in dem er erwachsen ist, d.h. in dem er ohne Hilfe diese Sprache sprechen kann, in dem er in dieser Sprache neue Teile entdecken kann, neue Wörter bilden kann, in diesem Moment ist er reif und ist in der Lage, eine andere Sprache zu lernen. Wenn er nun die Begriffe seiner eigenen Sprache und die Begriffe der anderen Sprache hinsichtlich ihres Inhaltes vergleicht, dann wird er feststellen: die Inhalte decken sich teilweise und decken sich teilweise nicht. Sie sind erweitert oder verschoben, je nachdem.

Was hat er also gelernt? Dieses Individuum hat einen Weg gewiesen bekommen, wie es sich selbst seine eigenen Koordinaten erweitern kann, indem es fragt, immer wieder fragt, was hat das mit mir zu tun.

Das gilt im Prinzip auch für den Entwicklungsweg jedes einzelnen Individuums hin zur Wiedervereinigung, lateinisch zur r e l i g i o . Ihr wißt, ihr seid ein Teil des Ganzen, seid durch eine weite Erfahrung gegangen, habt innerhalb dieser Erfahrung Leben geschaffen und seid auf dem Weg in diese neuerliche Vereinigung. Das, was ihr geschaffen habt, ist und bleibt ewig. Alle Gedanken, die ihr je gedacht habt, alle Taten, die ihr je getan habt, bleiben ewig vorhanden, um verfügbar zu sein für Individuen, die in der Lage sind, diese Vibration, die ihr erzeugt habt, zu empfangen.

Was also ist Illusion? Illusion ist das, was ihr jeden Tag lebt. Illusion ist die Welt, die ihr schafft, um euch klar zu werden, worin denn eure ganz spezifischen Auffassungen, Werte, Verstehensformen, Gefühle usw. bestehen.
Sie bestehen unabhängig von euch, aber sie werden durch euren Fokus einer ganz bestimmten Qualität zugeordnet. Seid euch bitte im klaren, daß die Werte, die ihr lebt, von euch selbst so definiert worden sind, wie ihr sie empfindet. Das, was ihr Moral nennt, ist das System dieser Werte.
Und nun kommt das, worum ich euch herzlich bitte: Fangt an, auf die Sprache zu hören, die ihr formt. Besinnt euch bitte, wenn ihr Wörter benutzt, auf die Grundqualität, die Bewegung, die Koordinate von Raum und Zeit in diesem einen oder anderen Wort. Besinnt euch bitte, indem ihr anfangt zuzuhören, was ihr sagt, worin ihr euch selber fixiert, worin ihr euch eure Trauer schafft, auch eure Freude. Darüber bräuchten wir nicht zu sprechen, aber darüber, wie ihr eure Krankheiten erzeugt, wie ihr eure Stagnationen erzeugt.
Ich möchte euch das einfache Wort Entwicklung nennen. Da steckt die Wurzel wickeln drin, einwickeln und auswickeln. Ihr habt also etwas eingewickelt, ganz tief eingewickelt, und wenn ihr es entwickelt, wenn ihr diesen einen und den nächsten und den nächsten Wickel abzieht, seid ihr bei euch: Wenn ihr anfangt, eure Wörter zu hören, wenn ihr anfangt, euch um den eigentlichen tiefen Sinn in jedem Begriff zu kümmern, kommt ihr unweigerlich in eure eigene Essenz. Ihr laßt die Kultur hinter euch, ganz bestimmt laßt ihr auch die Wertung hinter euch: das, was für richtig und das, was für falsch angesehen wird. Und dann stellt ihr fest: es war eine Illusion innerhalb eines bestimmten Wertsystems, anzunehmen, es sei das Eigentliche.
Ihr fangt an zu verstehen, daß ihr euch eure Realität innerhalb dieses von euch gewählten Wertsystems aufbaut, ihr baut euch also euer eigenes Luftschloß, eure eigene Illusion. Noch einmal: das ist notwendig, daß ihr einen solchen Rahmen habt, aber es ist an der Zeit, daß ihr versteht, der Rahmen dient solange, bis man

verstanden hat. Dann kann man ihn wechseln und kommt in eine andere Form der Selbsterkenntnis.
Wenn ihr dieses Spiel gut beherrscht, habt ihr die Form in der Hand oder die Möglichkeit in der Hand, zu materialisieren und demnächst auch zu dematerialisieren: Es geht darum, daß ihr gelassen und vollständig eine Form lebt und genauso gelassen aus dieser Form heraustretet und sagt: Gut, innerhalb dieser Form war die Erfahrung so und so möglich. Aber es liegt in meiner eigenen Macht, eine andere Form zu entwickeln und damit eine andere vollständige Erfahrung zu machen.
Wenn ihr anfangt, diesen Mechanismus zu verstehen, merken wir das und senden euch verschiedene Situationen, die euch weiter und weiter fühlen lassen, was ich euch gerade versuche zu erklären. Es geht also um das zentrale Thema des Menschseins.
Und jetzt ein weiterer Gedanke dazu. Ich bitte euch mit soviel Ausrufungszeichen, wie ihr euch das vorstellen könnt: tut das nur und ausschließlich in der Freude, im Entdecken, im Hineingehen, im Spaß, wieder herauszugehen. Vermeidet bitte jede Art von Funktionieren. Das Funktionieren, ihr Lieben, hat euch taub gemacht, hat euch stumm gemacht, hat euch blind gemacht.
In dem Moment, in dem ihr die Freude am Sein vertauscht habt mit dem Zweck, mit dem Funktionieren, seid ihr in eure Materialität gefallen. Ihr kommt aus diesen Fixierungen nur wieder heraus, wenn ihr spielt, wenn ihr wie die Kinder spielt und wenn ihr euch erfreut an diesem Spiel. Wenn ihr es in Dankbarkeit miteinander spielt und nicht in euren Kämmerchen abgeschlossen: Da darf keiner sehen, was ich jetzt gerade tue. Bitte fangt an, bewußt mit allem, auch mit dem Allerwertvollsten, was ihr habt, und mit dem Allerseriösesten, was ihr kennt, zu spielen. Auch das Allerwertvollste, ihr Lieben, ist Illusion, ist ein Teil eines Systems, das notwendig war. Aber nunmehr hat es seine eigentliche Göttlichkeit verborgen, ich würde beinahe sagen, eingebüßt. Wann immer ihr das Gefühl habt, das macht mir keinen Spaß, laßt es liegen, und wenn eure Wohnung aussieht wie ein, ich weiß nicht was. (Lachen)

T: Jetzt ist Christine nicht da. (Lachen)

Ja, wißt ihr, wenn ihr so aus eurer Fixierung heraustretet, dann müßt ihr lachen, und dann habt ihr den Spaß, und dann geht es weiter, aber nicht im Zweck, sondern im Sinn. Dann kann euer Alltag die Qualität erreichen, daß ihr jede Sekunde betet. Ihr könnt das nennen, wie ihr wollt. Ihr könnt auch sagen „meditiert" oder was immer ihr wollt. Es geht um das Bewußtsein des Erprobens und des Spielens dabei.
Ihr seid auf diese Welt gekommen, um zu erproben: was ist eine Beziehung. Und dann habt ihr wunderbare Formen entwickelt. Und wenn ihr meint: Beziehung ist, wenn das und das so und so ist, sonst ist es keine Beziehung und so weiter und so fort, betrachtet euch als die, die Experimente machen und Beziehungen erproben. Da bei dem Begriff „Beziehung" etwas zieht, hört ihr, da zieht etwas anderes an, und dann stößt es das auch wieder ab. Und beides ist gültig, und beides ist gültig ohne Moral. Versteht ihr, was ich meine. Ich bitte euch, fangt an.
Der leichteste Weg, den ihr nehmen könnt, geht über eure eigene Sprache, eure persönliche Wortwahl. Stellt euch ein Tonbandgerät auf oder womit immer ihr aufnehmen wollt und nehmt auf, was ihr so redet. Und dann hört, ob ihr Sätze formuliert oder ob ihr nur Teile von Sätzen formuliert, und guckt, welche Teile fehlen. Das sind die blinden Flecken oder die tauben Ohren oder die Plattfüße oder so fort.
Fangt an zu hören, welche Wörter ihr benutzt. Fangt an zu hören, ob ihr schnell sprecht oder langsam und wann ihr schnell sprecht und wann ihr langsam sprecht und besinnt euch. Aber, ihr Lieben, versprochen, nicht unter Streß! Wenn ihr daran keinen Spaß habt, dann wartet solange, bis ihr Spaß habt, nicht: ich muß jetzt etwas tun, weil ich das gehört habe. Ihr müßt nicht, ihr dürft: Vielleicht braucht ihr noch die oder jene Beziehung, um etwas zu fühlen, und dann habt ihr Spaß. Habt diesen Wunsch, wenn ihr ihn denn gehört haben solltet, in euren Hinterköpfen. Wenn ihr keine Lust habt, ihn in die Vorderköpfe zu setzen, dann wird er zum richtigen

Zeitpunkt sagen: Achtung, hier bin ich. Und dann seid ihr auf dem wunderbarsten Weg, meine Lieben, mit euch selbst zu spielen und Illusionen voller Freude und voller Einsatz zu leben, aber gleichzeitig zu wissen, es sind Illusionen, die euch einen Rahmen bieten, eure Gefühle kennenzulernen.
So! Ich glaube, das reicht! Oder? Was findet ihr? Na gut, ihr findet nicht, dann finde ich.
Ihr Lieben, wir werden ja im Laufe des Abends noch einige Male Gelegenheit haben, das Thema von verschiedenen Seiten her zu betrachten. Ich mach' jetzt Schluß, und jetzt redet bitte ihr. Wagt euch! Wagt euch! Ich drohe euch, ihr wißt schon. Wenn ihr nicht redet, dann mache ich euch reden.
Gut!

Seth-Abend 5. September 1995:

RÄUME UND VERÄNDERUNGEN

Also, ich begrüße euch!
Wir freuen uns, daß ihr euch entschlossen habt, die Räume zu wechseln. Ihr wißt, daß die inneren Bilder äußere Erscheinungsformen haben, aber davon rede ich später.
Ihr Lieben, nach wie vor muß einer von uns das Sprüchlein sagen.
Wer möchte von euch heute das Sprüchlein sagen?
Ich höre euch sehr laut rufen (liebevoll und ironisch). *Entweder zähl ich ab, oder ich laß es sein.*

T: Abzählen.

Gut. Eins, zwei, drei, vier, fünf.
Also ich verspreche dir, ich helfe dir. Fang mal an.

T: Ja, ich hab vorhin schon überlegt, hm... Wir sind ja eigentlich nicht allzuviel und die Chance besteht recht gut, daß ich rankomme. Ich hab um mildernde Umstände gebeten, aber ...

Die sind sehr milde. Sie sind sehr milde.
Was fällt dir ein? Stell dir vor, es säßen hier richtige kernige junge Männer vor dir, denen du erklären sollst, worum es geht. Also, was sagst du ihnen?

T: Tja, es geht darum, seine eigene Stimme zu erheben, etwas in den Raum zu bringen und hm - mit der eigenen Stimme, mit der eigenen Schwingung jede Zelle des Körpers mitschwingen zu lassen und tanzen zu lassen. Es geht darum, sich selber auch zu hören, zu spüren und sich damit zum Ausdruck zu bringen.

Du sagst mir, wenn du fertig bist, nicht wahr.

T: Ich denke, das reicht erst mal.

Gut. Darf ich etwas anfügen?

T: Gern.

Gut. Es geht darum, daß ihr in die Freude kommt, daß ihr jauchzt und jubelt, daß ihr nichts weiter mehr möchtet als nur noch singen. Aber da muß man kleine Schritte machen, und dann kommen die größeren.
Also Sprechen ist ein Vorrecht des Menschen, und wenn man sein Vorrecht benutzt, wird man fröhlich. Es geht also darum, daß ihr in die Freude kommt, und dann geht es darum, daß ihr die Angst vor den anderen abbaut: der könnte etwas besser wissen oder der kann mich nicht leiden und daß ihr denkt wenn ich das und das sage, dann passiert das und das. Es geht darum, solche Vorurteile und Muster zu überwinden.
Ihr sollt so singen, wie Vögel singen, ohne zu fragen, wer daneben ist. Und wenn ihr doch fragt, wer daneben ist, dann aus dem Grund: was kann er mit euch teilen.
Wenn ihr einen Gedanken ä u ß e r t , hört ihr, einen Gedanken nach a u ß e n bringt, ihr äußert ihn, dann ist das das Stichwort für die anderen, mit euch zu sprechen. Man fühlt sich etwas dumm, wenn man alleine dasteht und irgendetwas sagt, und niemand antwortet.
Ihr seid gemacht, um zu senden und zu empfangen. Stellt euch bitte also darauf ein, daß ihr beides tut, nicht bloß empfangt. Ich kann euch auch sagen warum: wenn man zuviel ißt, platzt man. Wenn man zuviel hört, passiert dasselbe: nur platzt man auf eine andere Weise. Ihr kennt den Begriff in eurer Sprache: der Mensch sei geplatzt. Das stimmt. Er hat die Energie, die bei ihm war und die aus ihm herauswollte, nicht herausgelassen. Also mußte er

platzen. Genauso, wie wenn man einen Beutel zu sehr stopft, der platzt auch.
Also noch einmal, redet für euch und für die anderen.
Meine Lieben, stellt euch bitte darauf ein, daß ihr alle in der Lage seid, euch zu überlegen, was man am Anfang sagt. Ich erinnere euch daran.
Mein allerwichtigstes Ziel besteht darin, daß ich nicht mehr da bin für euch, daß ich mich überflüssig mache. Ich kann das auch anders ausdrücken. Wenn ihr soviel Platz einnehmt wie euch zusteht, wie es euch zukommt auf jeder Ebene, braucht ihr mich nicht mehr, und wir treffen uns nur noch dann und wann. So wie sich normale Freunde treffen.
Ihr Lieben. Alle, die ihr hier sitzt, seid Lehrer. Guckt euch an. Auch wenn ihr es natürlich überhaupt nicht glaubt. Natürlich reagiert ihr sofort: Wie? Ich? Was hab ich schon zu sagen? Und so weiter...
Nehmt bitte zur Kenntnis, alle, die ihr hier sitzt, seid Lehrer.
Ich möchte euch noch etwas sagen zu diesem Lehrersein. Es ist nicht der Lehrer, der in der Schule lehrt, indem er alles weiß und die anderen nichts wissen, und der die anderen heranführt an das kleine Wissen. Lehrersein in unserem Sinne bedeutet, daß ihr zuerst an euch die Dinge lebt, mit euch zuerst die Dinge lebt und zulaßt, und dann, wenn ihr sie durch euch erfahren habt, weitergebt.
Ich verspreche euch, daß niemand zu euch kommen wird, dem ihr keine Antwort geben könnt. Ich kann das auch umgekehrt sagen. Ihr werdet die Schüler bekommen, die ihr vertragen könnt, an denen ihr lernt und die durch euch lernen. Lehrersein im spirituellen Sinne bedeutet, eine große oder vielleicht eine größere Bereitschaft zu haben, sich selber zu sehen, sich selber zu erfahren, sich selber als das zu sehen, was ihr seid: ein Individuum, das bestimmte Muster bestimmt hat, und durch diese Muster der Welt hilft, Energie zu befreien.
Macht euch klar, daß ihr auf längere Zeit hin lehrt in diesem Sinne.

Leben lehrt. Lehrt, Bereitschaft zu haben, mit Bereitschaft in alle Situationen zu gehen, mit Bereitschaft zu verstehen, was in diesen Situationen gerade gelebt wird.
Ihr werdet wie immer in eurem Leben auch in diesem Zusammenhang große Hilfe haben.

Nun sind wir eigentlich schon beim Thema:
DAS WECHSELN DER RÄUME UND VERÄNDERUNGEN.
Ich sage euch nichts Neues, aber ich möchte es noch einmal in diesem Zusammenhang wiederholen.
Alle Inkarnationen, die ihr lebt, lebt ihr in einem Zusammenhang. Die eine Inkarnation ergibt sich aus der anderen und so weiter. Was ihr tut auf dieser Erde, ist, daß ihr neue Räume bewohnt, daß ihr neue Räume erobert.
Ihr habt alle in allen Inkarnationen verschiedene territoriale Erfahrungen gemacht. Es ist etwas anderes, in einem warmen Land, als in einem kalten Land zu leben. Es ist etwas anderes, mit einem Volk zu leben, was eine männliche Auffassung des Lebens hat, oder mit einem Volk zu leben, dessen Grundwerte dem Weiblichen entsprechen. Ihr habt also die Räume auf der Erde erobert, nach und nach als Männer und Frauen.
Jetzt sind wir in eine Zeit gekommen, in der nicht mehr so viel Zeit da ist, große, weite, lange Erfahrungen zu machen in dem Sinne, daß sie eine ganze Inkarnation wären. Ihr müßt also sehen, daß ihr in kürzerer Zeit die Räume wechselt.
Das bedeutet zunächst, daß ihr bereit seid, in viele verschiedene Lebenszusammenhänge zu gehen, daß ihr die Räume eures Alltags wechselt, daß ihr versteht: ich habe, zum Beispiel, als Kind in der Straße X gelebt. Ich bin umgezogen in einen anderen Zusammenhang. Ich bin wieder umgezogen in einen anderen Zusammenhang. Und immer, wenn ihr umzieht, schließt ihr eine Lebensphase ab, schließt ihr eine Erfahrung ab.

Alles, was auf euch zukommt an dem neuen Platz, ist zunächst unsicher. Ihr betretet ein neues Feld in euch selbst. Etwas, mit dem ihr zwar zusammenhängt, aber etwas, was eure Aufmerksamkeit braucht, weil ihr alle Dinge, an die ihr bis jetzt gewohnt wart, neu überdenken müßt, neu kontrollieren müßt. Das heißt dann: Brauche ich dies und jenes noch oder nicht. Stelle ich das und das an diese Stelle oder nicht. Mit anderen Worten, ihr müßt aufmerksam sein. Ihr müßt alles, was ihr gedacht habt, was ihr gefühlt habt, was ihr gelebt habt, neu verstehen. Und darin liegt, ihr Lieben, die besonders große Chance für jeden von euch.

Auch wenn jeder von euch im Prinzip ziemlich aufmerksam lebt, jedenfalls im Vergleich zu vielen anderen Menschen, die ihr kennt, sammelt sich doch in jeder Ecke etwas, was dann nur noch residiert, was da aber im Grunde nicht notwendig ist.

Ich hatte euch vor einiger Zeit gesagt: Tut alles weg, zu dem ihr keine Beziehung mehr habt.

Wenn ihr in neue Räume geht, dann ist das sozusagen eine indirekt automatische Entscheidung. Ihr müßt nämlich das, was ihr mitnehmt, wirklich entscheiden mitzunehmen.

Ich bin sehr froh, daß wir uns hier in einem neuen Raum zusammenfinden.

Ihr seht, es ist gar nicht so viel anders, aber es gibt einen neuen Aufschwung, eine neue Verantwortlichkeit, ein neues Sichfinden, möglicherweise auch die Begegnung mit neuen Menschen.

Ich danke euch, daß ihr hergekommen seid und diesen neuen Anfang gesetzt habt. Seht doch bitte in euch selbst nach, worin das Neue für jeden Einzelnen besteht. Jeder von euch, der hier ist, hat einen neuen Raum in sich selbst betreten. Was ihr tun könnt, ist, zu sehen und zu verstehen, worin die Erweiterung liegt, in die ihr gerade eingetreten seid.

Wundert euch nicht, ihr Lieben, ihr habt mehr Energie zur Verfügung, wenn ihr euch verändert, wenn ihr eben in diese neuen Räume in euch selbst kommt. Wundert euch also nicht, daß alle alten Muster, die ihr habt, wiederkommen, und zwar, daß sie verstärkt wiederkommen. Wundert euch darüber nicht, denn das, was euch begegnet, ist immer euer Muster, und jetzt hat dieses Muster mehr Energie, um zu leben. Das heißt, ihr müßt aufmerksamer sein für die Situationen, in denen ihr euch nicht wohl fühlt. Versteht bitte, daß ihr in euren Mustern lebt, wenn ihr euch nicht wohl fühlt. Ich sage euch das immer wieder und immer wieder. In dem Moment, in dem ihr euch nicht wohl fühlt, guckt genau hin, welches Musterteil es ist, und dann: ihr kennt diese Bewegung.[4] *Nehmt das Muster an die Hand wie ein Kind, das ihr führt und legt es aus eurem Weg. Ihr bereitet euch nämlich in diesem Augenblick vor, wieder neue Räume zu betreten.*

Ich habe euch gesagt, daß wir in einer Zeit sind, in der alles schneller vonstatten geht.

Denkt daran. Schneller heißt gleichzeitig heftiger. Ihr werdet in heftigere Emotionen kommen. Ihr werdet in heftigere Beziehungen kommen. Ihr werdet in heftigere Glückserlebnisse kommen.

Bitte versteht, daß ihr die Erfahrung m a c h t und nicht die Erfahrung s e i d .

Ich habe euch das oft und oft gesagt. Ich kann es aber, glaube ich, nicht oft genug sagen.

Wenn es euch körperlich nicht gut geht, dann sagt: okay, es ist mir nicht gut. Nicht ich bin das, der etwas verursacht hat. Es ist nur dieser Moment und wie ihr ihn lebt. Folgt den Impulsen eures Körpers. Dient ihm, wenn er euch nicht zu sehr auf die Seite lockt. Und dann identifiziert euch nicht mit den jeweiligen Gefühlen dessen Energiequalität ihr erfahrt.

Je sicherer ihr wißt, wo ihr eure Muster lebt und wie ihr sie lebt, je schneller kehrt die Freude wieder ein und je mehr Menschen werdet ihr anziehen, je mehr Erfolg wird eure Arbeit haben und je heller wird eure Umgebung werden.

---

[4] Seth macht eine von ihm immer wieder benutzte Handbewegung: er streckt die linke Handfläche flach aus, legt die Kugel, die Valanga beim Channeln in der Hand hat, hinein, Sagt: „Guten Tag liebes Muster, ach, da bist du wieder. Ich habe dich erkannt, geh mir bitte aus dem Weg, ich will weiter." Dann nimmt er die Kugel wieder weg von der Hand und schiebt die Hand flach weiter in den Raum, um anzudeuten, daß die Hand den Weg weiter nach vorne geht.

Auch wenn es heute nicht eigentlich zum Thema gehört, möchte ich noch einmal sagen: ihr Lieben, bitte gestaltet eure Zukunft. Visualisiert! Das ist so ein Wort, das die meisten Menschen nicht verstehen. Also, malt euch Bilder, so genau wie möglich. Malt euch Traumbilder, und worum ich euch bitte, ist: malt diese Bilder in bezug auf viele Menschen.

Setzt euch in Zusammenhang mit Gruppen. Wir werden Zeiten entgegengehen, das wißt ihr auch, die feste Gruppen brauchen. Menschen, die einander vertrauen. Menschen, die sich gestatten, miteinander ihre Erfahrungen zu machen, und die die Türen nicht zumachen, wenn eine oder die andere Person in ihre Prozesse geht. Wir brauchen solche Gruppen, weil sie Sicherheit ausstrahlen nach innen und nach außen.

Je sicherer ihr miteinander umgeht, desto sicherer und desto weniger dramatisch werden die Übergänge verlaufen. Ich bitte euch also wieder und wieder: Malt euch Bilder, in denen ihr mit anderen Menschen zusammenlebt, in denen ihr Gemeinschaften bildet. Baut in euren Köpfen Häuser, die diesem Ziel dienen. Wohnt zusammen.

Ihr müßt lernen, eure Individualitäten auch in Gruppen nicht zu verlieren.

Und das wären dann die Räume, in die ihr tretet, die sozusagen die Vorläufer für die neue mögliche Menschheit sind. Je harmonischer, das heißt, je bereiter ihr miteinander lebt, je bereiter ihr sagt, was ihr von den anderen erwartet, was ihr bereit seid zu geben - das kann sich ja verändern im Laufe der Zeit - je sicherer wird euer Umgang miteinander.

Bitte habt meinen Wunsch in euren Herzen und fangt an oder setzt es fort, eure wunderbaren Gaben, die der Gestaltung, zu leben. Nehmt alle eure Phantasie und malt und malt und malt.

Und malt nicht nur in euren kleinen Kämmerlein, sondern malt zusammen.

Laßt die Egoismen, die darauf bestehen, das und das und das persönlich haben zu wollen, laßt diese Egoismen hinter euch. Ihr erhaltet Geschenke, ihr Lieben, von denen ihr noch gar nichts ahnt.

Laßt bitte alle Menschen, von denen ihr gesagt habt, daß sie in eure Umgebung gehören, teilhaben an allem, was ihr habt. Erst wenn ihr im Nichts seid, seid ihr im totalen Glück. So.
Das war das, was ich euch heute sagen wollte.
Ich möchte noch hinzufügen, alles, was man im Kopf hat und nicht lebt, nützt nichts.
Wagt euch zu leben, auch wenn ihr dabei stolpern solltet. Jedes Kind lernt laufen, indem es dieses Stolpern einfach hinnimmt und weitergeht.
Wenn ihr Schwierigkeiten habt untereinander, bitte redet über diese Schwierigkeiten. Lebt sie gemeinsam. Sie sind dafür gemacht, daß ihr sie lebt. Und macht die Türen nicht zu.
Wenn ihr mit reinem Herzen auf jemanden zugeht und ihn nicht beherrschen wollt, werdet ihr jedes Problem und jeden Vorbehalt lösen können. Erfahrt euch und eure Kraft in genau diesen Auseinandersetzungen. Das, ihr Lieben, sind Reinigungen der Räume eures inneren Seins. Laßt ruhig den Wind darin wehen. Er wirbelt den Staub auf, den ihr rausnehmen könnt. So.
Nun ist wirklich Schluß.
Jetzt seid ihr dran, und ich freue mich wie jedesmal darüber, wie ihr gewachsen seid. Wie wunderbar ihr in unsere Nähe gekommen seid. Hört ihr das eigentlich selber - wie normal und selbstverständlich ihr mit mir redet. Darüber freue ich mich sehr. Gut.

Seth-Abend 12. September 1995:

INTIMITÄT

Guten Abend, guten Abend, guten Abend, alle Leut'.

T: (verhalten) Guten Abend.

Ich dachte, ihr begrüßt mich genau so schön.

T: Guten Abend, guten Abend, guten Abend, guten Abend...

Jaja, es gibt heute Leute, die noch nicht da waren, und die müßt ihr sofort davon überzeugen, daß wir hier nur Unsinn machen. Gut. Also. Wer sagt heute freiwillig das Sprüchlein? Redet. (Pause) *Also, ich höre nichts, muß ich heute wieder zählen? Gut, dann zähle ich heute total anders. Oder? Eins, fünf, vier, sechs, zwei. Was würdest du sagen?*

T: Ich weiß gar nicht, worum es geht.

Das war schon sehr schön. Frag doch mal einen von den anderen. Wähl dir einen.

T: Numero sieben.

Wer ist Numero sieben?

T: Numero sieben bin ich.

Das freut mich.

T: Ja, es geht bei diesem Sprüchlein darum, jedesmal daran zu erinnern, daß jeder, der hier sitzt, etwas bewirkt, wenn er seine Stimme benutzt, um eine Frage zu stellen oder auch sonst irgend etwas zu sagen, und daß das Wirkungen hat, die weit über das, was wir gemeinhin wissen und ahnen, wenn wir etwas sagen, hinausgeht. Hilf mir doch mal einer weiter, ich stehe gerade auf der Leitung.

T: Auf jeden Fall verstehe ich dich schon mal.

T: Ich würde gerne weitergeben. Ich habe jetzt so eine schöne Einleitung gegeben.

T: Dann sag doch eine Nummer.

T: Neun.

Vermutlich mußt du sagen, wer Nummer neun ist.

T: Nee, das hat sich schon geklärt.

T: Das hat sich schon geklärt. Auf jeden Fall sollt ihr eure Stimme benutzen. Das ist ganz wichtig. Also, ihr könnt was sagen, das muß auch nicht zum Thema passen, zum heutigen. Also, wenn da innerlich eine Frage ist, von der ihr meint, sie paßt vielleicht nicht zum Thema, ist egal, fragt ruhig. Alles paßt nämlich immer, letztendlich. Und oft, also nicht nur oft, sondern immer ist es halt so, daß, wenn ihr 'ne persönliche Frage stellt, oft auch andere damit angesprochen sind von diesem Thema. Ja, so viel fällt mir jetzt erstmal dazu ein.

Dann gib doch vielleicht weiter.

T: O.k. Dreizehn.

T: Ich glaub, du hast das sehr schön erklärt. Ich hab dir dort nichts hinzuzufügen.

T: Es gibt aber Aspekte, die noch nicht genannt wurden.

T: Ja? Erzähl.

T: Ja, wie war das? Wenn wir unsere Stimme gebrauchen, ist das erstmal eine Schwingung, die in unserem ganzen Körper spürbar ist und die sich dadurch unserem Körper, unseren Zellen mitteilt, und, ich sag das einfach mal so, eine wunderbare Wirkung hat.

T: Kannst du einen Zusammenhang hinzufügen.

T: Ah ja. Fahre fort.

T: Naja, wenn man die Stimme erhebt, der Körper sendet dann Schwingungen aus, die zu allen Zellen hinkommen. Und damit ist eigentlich jede Zelle angesprochen und weiß wieder, wo sie hingehört, und hat dieses Gefühl oder diese Bestimmtheit von einer Zusammengehörigkeit. Zusammengehörig zu diesem Körper, der diese Schwingungen ausgelöst hat. Dann ist man in einer Gruppe und sollte sich auch als eine Gruppe fühlen. Und dieses Gefühl könnte man erzeugen, jeder für sich selbst, indem er wenigstens einmal ein „Piep“ oder ein „Muh“ oder etwas anderes sagt, sagen würde, vielleicht Fragen stellt oder vielleicht irgendwie was erzählt. Stellt er eine Frage zum Beispiel, oder sagt er irgendetwas, könnte es das Stichwort für eine Person unter dieser Gruppe sein, die das als Stichwort benutzt. Und sie könnte vielleicht damit fortfahren, auch wenn sie vielleicht gar nichts hätte sagen wollen oder sich gebremst hätte, etwas zu sagen.

Jaja. Ihr seid wirklich wunderbar. Nun fehlt mir nur noch ein Aspekt. Warum tut ihr das? Warum redet ihr?

T: Zum Austausch.

Jaja. Der höchste Zweck eures Seins, ihr Lieben, liegt in der Freude. Wenn ihr teilnehmt, wenn ihr nehmt, wenn ihr aktiv seid, teilnehmt, geratet ihr in diese jubelnde Freude. Und ich möchte euch daran erinnern, ihr Lieben: das ganze Leben ist ein Fest. Und wenn man feiert, ist man aktiv. Oder: Wenn man aktiv ist, feiert man.
Und wenn ihr noch bedenkt, daß ihr nur so aktiv zu sein braucht, um euch teilhaben zu lassen, um euch in eurer Individualität teilhaben zu lassen an allem, dann habt ihr einen anderen Begriff von Aktivität.
Aktivität ist das, ihr Lieben, was man tut, um sich selber zu erkennen. Wenn ihr also nicht sprecht und nicht handelt und nicht lacht und nicht tanzt, - was tut man noch alles? Na gut, das wißt ihr schon - , also für alles, für alles, für alles, was ihr nicht tut, habt ihr den Sinn verloren, der darin liegt, daß ihr euch wiedererkennt. Und am besten erkennt ihr euch mit eurer Stimme, zusammen mit eurer Stimme.
Wer hat denn versucht, zu summen oder zu reden, und wer hat die Vibration in seinem Körper erlebt? Habt ihr das probiert? Letztes Mal haben wir das besprochen. Du hast das getan?

T: Ja, ich habe das, ja, ich habe das versucht, und ich habe das irgendwie auch mit Singen versucht. Und Singen finde ich noch schöner.

Ja, da hast du vollkommen recht. Es ist auch schöner. Hast du bemerkt, wie der Ton in alle Winkel deines Körpers geht?

T: Ja, ich habe es versucht. Aber ich glaube, ich habe irgendwie die falsche Stellung dabei gehabt. Im Oberkörper blieb's haken, und der Rest, der summte nicht so mit, weil die Stimme nicht so stark war, daß es durchvibrieren konnte jetzt. Aber ich denke mir, daß ich es schaffe, dann wenn ich meine Stimme schule, die Vibration immer mehr auszuweiten und meinen ganzen Körper vibrieren zu lassen.

Paß mal auf, ich gebe dir einen Ratschlag oder euch: Wenn ihr summt oder singt, setzt eure Aufmerksamkeit in euer Hara. Dann habt ihr allen Leistungsdruck aus euch heraus. Ihr braucht euch nur zu konzentrieren auf euer Hara, und alles andere schwingt von alleine. Wenn du den Begriff benutzt: „Ich werde es schon schaffen", dann ist es keine Freude, sondern Leistung und dann erst Freude, vielleicht. Du brauchst diese Leistung nicht. Du brauchst sie einfach nicht. Du kannst dich freuen über dich und deine augenblickliche Einstellung. Konzentriert euch auf euer Hara.

T: Was ist das?

Das ist das zweite Chakra. Und dann laßt geschehen. Und wenn ihr feststellt, wie du, daß der Ton durch irgendwelche Regionen des Körpers nicht hindurchgeht, dann wißt ihr eigentlich warum. Das sind die Stellen, die ihr festhaltet, bei denen ihr durch eine der üblichen Formen, durch Scham oder Angst und so weiter, Blockaden aufgebaut habt. Und genau das könnt ihr feststellen mit einfachem Summen. Und wenn ihr diese Punkte oder diese Regionen gefunden habt, dann sagt nicht: „Ah, da geht das nicht durch", da kann es dann nämlich auch nicht durchgehen, sondern bittet den Ton, durch diese Regionen zu wandern, aber ohne daß ihr euch anstrengt. Freut euch einfach, wie nach und nach der Ton weiterkommt. Und dann seid ihr das, was wir von euch sagen: Ihr seid Instrumente. Auch auf diese Weise betrachtet. So, das habt ihr heute sehr gut gemacht, das Erklären. Kann ich euch noch einmal daran erinnern, worin mein Zweck besteht? Meine wichtigste Aufgabe besteht darin, mich überflüssig zu machen.

T: Wir schaffen das schon.

Jaja, und ihr habt heute schon ziemlich gut gelernt, wie ihr mich überflüssig machen könnt. Das wird nachher noch viel besser.

Gut. Jetzt möchte ich heute mit euch über ein Thema sprechen, das viele Ängste auslöst und viele merkwürdige Entwicklungen genommen hat. Ich möchte mit euch sprechen über den Begriff oder den Inhalt I N T I M I T Ä T .
Ja. Nun könnt ihr mir eigentlich mal helfen und mir mitteilen, in welchen Bereichen euch dieser Begriff begegnet ist.

T: In Beziehungen.

Ja.

T: Sexualität.

T: Im Kopf und im Körper.

Fertig?

T: Gespräche.

T: Intimität ist für mich verbunden mit Vertrauen zu einer Person.

Ja.

T: Zwischen zwei Personen eben.

Wollte da noch jemand etwas sagen?

T: Ich überlege noch.

T: Ja, auch in dem Sinne von Gut-kennen, also man kann intime Kenntnisse über irgendein Sachgebiet haben.

T: Es ist mir mal begegnet im Zusammenhang mit Gesprächen am Telefon, mithören oder nicht.

Ich gratuliere dir.

T: Privatsphäre.

Ja.

T: Nähe. Oder Entfernung.

T: Es ist etwas ganz Persönliches, was ich nicht mit jedem teilen möchte.

T: Ja, für mich hat das auch zu tun mit Sich-selbst-zeigen oder sich-selbst-schenken.

T: Da kenn' ich den Begriff noch aus der Werbung, wo dann mit 'Intimbereich' so Genitalien und sonstiges gemeint sind. Und dafür gibt's dann halt Deos, Tampons und weiß der Geier was. Und das sind dann die Sachen, die man so halb tabumäßig kauft, also da braucht man dann eine extra Tüte, damit es nicht jeder sieht, daß man es hat oder so. Etwas, was irgendwie 'n bißchen peinlich ist und eigentlich 'n bißchen versteckt gehört.

Ja. Ihr seid wunderbar. Ich danke euch.

T: Gibt's noch einen anderen Bereich? Haben wir was vergessen?

Nein, ihr habt nichts vergessen. Ich wollte nur eure eigenen Vorstellungen aktivieren, um von diesen eigenen Vorstellungen ausgehend den Begriff von unserer Warte aus, sage ich, zu vervollständigen.

Das, was ihr alle gesagt habt zu diesem Begriff, bedeutet, es ist die Sphäre einer Person oder zweier oder mehrerer, sagen wir mehrerer Personen, die in einem nichtöffentlichen Rahmen agieren.

Ja. Dann gibt es eine Tendenz unter euch oder in der Erziehung oder in der Wertauffassung der Kultur, daß man diese Bereiche, die intim sind, weil sie ja allgemein menschlich sind, öffentlich macht. Daß man also alles, was man intim verrichtet, ohne Schranken, ohne Mauern, ohne Extraräume und so weiter in der Allgemeinheit lebt.

Das ist eigentlich auch etwas sehr Gutes, wenn ihr die Dinge, die zu jedem Menschen gehören, als etwas öffentlich Mögliches betrachtet, daß ihr euch also nicht versteckt, wie du gesagt hast, mit Tüten, bei denen man nicht genau sehen muß, was darin ist.

Es ist eine sehr gute Weise, daß man alles, was menschlich ist, nicht tabuisiert, sondern daß man es selbstverständlich geschehen läßt. Und zwar so, wie das jedes Individuum empfindet; daß also nicht gesagt wird: „Man tut das so und so oder verhält sich so und so." Laßt auch in diesem Bereich jedes Individuum erfahren und entscheiden, wie es seine Erfahrung gestalten möchte.

Es gibt aber dennoch etwas, was ich euch darüber hinaus sagen möchte: In dem Moment, in dem mindestens zwei Personen in eine intime Sphäre geraten, ist es besser, wenn ihr die Intimität dieser Personen wahrt, wenn ihr also nicht öffentlich lebt. Das gilt im Moment vermutlich in breitester Erfahrung mit Sexualität, von der man meint, daß sie auch neben einem geschehen kann. Natürlich ist das möglich. Ich möchte euch aber etwas sehr Wichtiges sagen: In dem Moment, in dem eine intensive Intimität entstanden ist, in dem zwei Individuen sich aufeinander beziehen, brauchen sie all ihre Kraft und all ihre Konzentration bei dieser Situation. Denn, ihr Lieben, es handelt sich um Wachstum. Immer, wenn ihr in diese Gefühlslage kommt, die eine Intimität, sagen wir, beinhaltet, laßt diese Personen außerhalb der anderen. Sie sind gerade in dem Moment bereit, ihre stärksten Muster zu leben. Sie sind bereit, ihre stärksten Muster zu transformieren. Und jede kleine Störung hindert sie, dieses Wachstum wirklich voll zu entfalten. Ich

meine nicht eine materielle Störung, daß zum Beispiel das Telefon klingelt oder eine Tasse herunterfällt oder dergleichen, ich meine eine energetische Störung.
Ihr wißt, daß ihr zusammen bestimmte Kanäle schließt, bestimmte energetische Felder aufbaut. In dem Moment, in dem zwei Individuen sich sozusagen abschließen und ein Dritter hinzukommt, können sie ihre Energie nicht mehr nach innen geben, sondern sie müssen, ob sie wollen oder nicht, auf den energetischen Einfluß von außen reagieren.
Es geht also nicht um Moral, ob man bei einer Intimität anwesend sein sollte oder nicht, sondern es geht um Liebe den Personen gegenüber, die bereit sind, für sich und andere Wesen Energie zu leben und zu befreien.
Ich bitte euch, wenn ihr in Gruppen geht oder mit anderen Menschen sprecht, die Freizügigkeit empfehlen, bitte erklärt ihnen, es geht nicht um Freiheit, sondern es geht um Konzentration.
Der Begriff der Moral hat sich in einer gewissen Weise aus diesem energetischen Verständnis entwickelt, indem man nämlich sagt, zwei Personen oder mehrere Personen, die in eine intime Beziehung treten, muß man alleine lassen. Das hat sich sozusagen aber überlebt, in moralischer Weise, weil niemand mehr versteht, daß es sich nicht um Erziehung handelt, sondern daß es sich um energetische Vorgänge handelt.
Helft, wann immer ihr es seht oder fühlt, wenn eine solche Situation sich aufbaut, zum Wachstum dieser Individuen, indem ihr ihre Sphäre schützt und indem ihr von denen, die sich in der Situation befinden, alles das, was sie stören könnte, abhaltet. Es ist in gewisser Weise ein Geburtsvorgang. Ihr wißt alle, daß eine Geburt umso leichter ist, je geschützter der Raum ist, in dem sie stattfindet. Und zwar geschützt auf jeder Ebene, materiell, psychisch, in Liebe und so weiter, ich brauche darüber nicht weiter zu sprechen. Helft, alle Geburten, die sich ankündigen oder die sich durchführen, sich durchführen zu lassen.
Und dann noch etwas: Personen, die in einer solchen Situation waren, haben Anspruch auf eure Großzügigkeit und euer Ver-

ständnis. Es ist eine schwere Arbeit, Muster zu transformieren. Bitte gebt ihnen in euren Herzen einen Raum, indem ihr sie wie Rekonvaleszenten betrachtet, wie solche, die nach einer Krankheit ein bißchen Schonung brauchen. Also laßt ihnen eine Stunde oder zwei die Dinge des Alltags etwas entfernt.

Noch etwas: Immer, wenn eine solche Situation entsteht, sind beide Teile gleich stark betroffen. Für gewöhnlich handelt es sich um komplementäre Erscheinungen. Es ist nicht möglich, daß Personen mit einer unterschiedlich starken Dynamik intime Situationen leben in der Weise, daß sie daran wachsen. Also noch einmal: Gebt den Personen, von denen ihr fühlt, daß für sie eine solche Situation bevorsteht, Raum zu leben.

Intimität ist das, was eine Person für intim hält. Vielleicht sprecht ihr miteinander an irgendeinem ruhigen Punkt eures gemeinsamen Lebens, welcher Bereich für die Person, mit der ihr lebt oder arbeitet oder umgeht, den Anspruch auf Intimität hat. Jede Person hat einen anderen Arbeitskreis, ein anderes Arbeitsfeld, andere Qualitäten entschieden zu leben. Also ist Intimität immer mit den Arbeiten verbunden, mit den Aufgaben verbunden sind, die ein Individuum entschieden hat zu leben. Es gibt diese Pauschalisierung, wie ihr sie kulturell vornehmt, nicht.

Das ist das Grundsätzliche, was ich euch zu diesem Thema sagen möchte. Und noch etwas, was nicht nur zu diesem Thema gehört, was ich euch schon viele Male gebeten habe: Bitte sprecht untereinander über eure Gefühle und eure Emotionen. Wenn sie auftauchen, scheut euch nicht, besprecht sie möglichst in der Situation, in der sie auftauchen. Sie sind dann da, wenn eine große Chance der Lösung besteht. Ihr wachst in dem Moment, in dem ihr das, was euch betrifft, in eure private Öffentlichkeit gebt und teilt, teilhabt und teilnehmt. Es ist ein Zeichen von Vertrauen, miteinander zu leben, wenn ihr es wirklich tut, daß ihr die Dinge, die anstehen, miteinander besprecht.

Jetzt gebe ich die Arena frei für alle Zellerfahrungen der eigenen Stimme.

Seth-Abend 19. September 1995:

VERTRAUEN LEBEN

Meine lieben Freunde, macht es euch bequem.
Ich bin heute mit der Tür ins Haus gefallen. Ordentliche Menschen sagen „Guten Abend".

T: Guten Abend.

Also, ich sag' jetzt auch: guten Abend.

T: Guten Abend.

Ich freue mich, daß ihr mich wieder und wieder einladet. Aber wir kommen so gerne, daß wir immer mehr werden.
Ihr Lieben, wer möchte heute abgezählt werden? Gibt es jemanden? Der rufe bitte „Hier!". (Pause) *Na? Müssen wir noch ein bißchen üben? Hab' ich was gehört, oder habe ich nichts gehört? Gut, dann zähle ich. Fangt bitte rechtzeitig an zu zittern, daß ihr nicht drankommt. Eene meene muh, und raus bist du.* (Pause, Lachen) *Hast du mich gehört?*

T: Ich hab' dich gehört.

Das freut mich! Ich bitte dich in aller mir verfügbarn Unschuld: würdest du den Menschen erklären, was ich immer am Anfang sage?

T: Ich werd's versuchen.

Das freut mich.

T: Es geht heute abend darum, daß wir unsere Stimme benutzen, und zwar ist das eine Wohltat für den Körper oder für das ganze Wesen, wenn wir unsere Stimme benutzen, denn das verbindet uns untereinander. (Gelächter) Lacht nicht!

Lach doch einfach mit.

T: Und wenn wir reden, gibt das auch das Stichwort für jemand anders. Das heißt, wir, ja, stecken andere an quasi mit dem Reden, daß das sich weiterverbreitet und ausweitet.

Du hast die Freiheit zu entscheiden, wie lange du reden möchtest, nicht wahr?

T: Ja.

Und du läßt die anderen wissen, wann du aufhörst, ja? Gut.

T: Ja, ich merk' jetzt für mich, es setzt ein klein bißchen Bewegung in mir ein. Also ich werde nervös. Aber es bewegt sich was in mir, und das ist wichtig, find' ich. Eine Bereicherung für mich, also ich erfahre etwas und komme in den Fluß mit den Sinnen. Jetzt möchte ich weitergeben an A. (Lachen)

T: Wie, das verstehe ich jetzt nicht. Du meinst die mit dem Redeproblem?

Erkläre ihr bitte, was du weitergibst.

T: Du hast mich jetzt so angeguckt, und das war so mein erster Impuls, gleich weiterzugeben, vielleicht möchtest du was dazu sagen.

T: Ja, ich kann das verstehen, was du meinst, was in dir vorgeht, wenn man vor einer Gruppe spricht, weil der Adrenalinspiegel doch sehr steigt und die Hormone anfangen zu flattern. Das ist anregend, und es ist befreiend, wenn man das zu sagen hat, was dem anderen dann auch ein Aha-Erlebnis gibt.

Einspruch!

T: Einspruch?

Auch wenn du Unsinn sagst, ist es wichtig für jeden. Er hat von dem, was du weise findest, und von dem, was du blödsinnig findest, dasselbe. Er öffnet sein Herz und hört mehr, als du sagst. Deshalb, ihr Lieben, gibt es keine Banalität. Deshalb gibt es keinen Un-Sinn. Erinnert euch an unsere „Muhs" und „Mähs". Gut. Danke dir. Hast du mehr zu sagen?

T: Ja, daß ich das gerne weitergeben würde, das Wort.

(Lacht) *Dann sag doch auch, wem.*

T: Ich werfe den Ball zu Anna.

T: Ähm, was mir zuerst einfallen würde, hat Nanea schon gesagt. Also, es ist generell auch wichtig, daß jeder im Laufe des Abends mal irgendwas sagt, irgendwie seine Stimme hören läßt. Ja, es ist wichtig, weil die Zellen sich freuen, die Zellen des eigenen Körpers, wenn sie die Stimme hören. Jetzt gebe ich weiter an Christine.

T: Und daß die Zellen sich freuen, ist deshalb wichtig, weil wir uns überhaupt nur noch freuen sollen. Und das ist ein Anfang, und wir haben das in der Hand, hier zu üben.

T: Ach, jetzt fällt mir noch was ein: Es ist wichtig, das, was einem in den Sinn kommt, dann zu sagen, wenn es einem in den Sinn kommt, auch wenn es noch nicht ganz direkt zum Thema gehört.

Es wird dann schon seine Berechtigung haben, und es ist vielleicht dann gerade wichtig für irgendjemand anderen.

Außerdem ist es wunderbar, wenn ihr euch schlecht benehmt. Ich sage euch immer wieder: bitte benehmt euch schlecht. Oder vielleicht sage ich: benehmt euch unerzogen. Man kann dem anderen ins Wort fallen. Nicht immer, aber hin und wieder schon.
Ja, ich möchte noch etwas sagen, wenn ihr mir das gestattet, in eurer Runde jetzt. Ihr Lieben, jeder von euch ist in gewisser Weise erzogen, Angst zu haben, wenn er vor einer Gruppe spricht, besonders dann, wenn man die Mitglieder dieser Gruppe nicht gut kennt. Ich bitte euch: Lernt, diese Angst einfach als ein Stück Erziehung oder ein Stück eures persönlichen Musters zu verstehen. Bitte baut die Schranken untereinander ab. Ihr wißt sicher, ihr seid sowieso behütet. Aber in diesem Raum, in dem Moment, in dem wir mit euch zusammen sind, habt ihr alle Möglichkeiten, alle Schranken, die fest sind, runterfallen zu lassen.

Bitte, lebt V E R T R A U E N .
Das ist unser Thema heute abend. Lebt Vertrauen in jeder Sekunde. Das heißt soviel, daß ihr in diesem Anfang, den wir gerade gemacht haben, lernt, Vertrauen zu haben zu dem Menschen, der neben euch sitzt, egal ob ihr ihn kennt oder ob ihr ihn nicht kennt. Die Tatsache, daß er neben euch sitzt oder mit euch in einem Kreis ist, ist Vertrauensbasis genug.
Ihr kennt alle, was ich euch schon oft und oft erklärt habe: Das, was ihr aussendet, kommt zurück. Wenn ihr Vertrauen aussendet, ungefiltertes Vertrauen, wenn ihr davon ausgeht, daß der, der euch gegenübersteht oder -sitzt, -liegt oder wie immer sich bewegt, soviel Sehnsucht hat wie ihr, angenommen zu werden, geliebt zu werden, daß er soviel Sehnsucht hat wie ihr, daß ihm vertraut wird. Wenn ihr also davon ausgeht und sendet ungefiltertes Vertrauen aus, was, ihr Lieben, kommt dann zurück? So reines Vertrauen wie möglich.

Und alle dummen Ideen, die man normalerweise hat, „Ich sehe nicht schön aus", oder „Ich sage nur Unsinn", „Der ist sowieso viel mehr wert als ich", „Wer weiß, ob der mich versteht" usw. Alle diese Gedanken gibt es dann nicht mehr. So konkret und so direkt, wie Kinder mit euch sprechen, bitte, so konkret und so direkt sprecht miteinander.
Wißt ihr, ich habe auch das schon oft gesagt. Aber ich kann es nicht oft genug wiederholen. Wir werden Zeiten entgegengehen, bei denen jeder von euch in ziemliche Schwierigkeiten kommen wird, weil der Zeitfaktor ein anderer wird. Ihr Lieben, wenn ihr nicht gelernt habt, aufeinander zu vertrauen, wird diese Zeit für euch viel schwerer werden.
Wir wissen, was euch erwartet, wir sind vorhanden und bemühen uns, aber ihr wißt, wir können nur in die Häuser eintreten, die uns geöffnet werden. Und wenn ihr nicht gelernt habt zu vertrauen, euch selber zu vertrauen, werdet ihr auch uns nicht so vertrauen, wie es möglich wäre.
Also, das erste, was ihr tun könnt: Bitte sprecht miteinander!
Ich habe vorher zu euch gesagt: Nehmt euch den Teil, der für euch da ist. Es ist egal, wie ihr beitragt und wie ihr nehmt. Nur benutzt eure Stimme und schafft euch durch eure Stimme ein Feld des Vertrauens um euch.
Worin alles kann man Vertrauen haben? Wie kann man Vertrauen leben? Indem man sein Muster erkennt. Ihr Lieben, ich bitte euch immer wieder und dringend: Versucht, euer Muster herauszufinden, es zu verstehen und es damit unwirksam zu machen. Versteht: Es ist nicht aufgehoben, aber seine Wirksamkeit ist eingeschränkt. Ihr könnt es bis fast auf Null schaffen, wenn ihr immer schneller erkennt, wo und wie eure Muster wirksam werden.
In euren alten Zeiten, als die Herrschaft der Kirche noch ungebrochen war, habt ihr in der Mitte eurer Behausungen, in der Mitte eurer Dörfer und Städte eine Kirche gehabt. Das Vertrauen in die Führung war ziemlich ungebrochen.
Natürlich, ihr wißt es - alle Teile erscheinen in Polarität -, daß mit einem großen Vertrauen auch eine große Angst verbunden ist. In

euren früheren Zeiten habt ihr diese Angst gelebt, und zwar, von heute aus betrachtet, als Vorläufer oder als die eine Hälfte zu dem Vertrauen, das ihr jetzt entwickeln könnt. Wenn ihr euch eure Städte und Dörfer jetzt anseht, stehen in der Mitte nicht mehr Kirchen, sondern es stehen da Versicherungen und Banken, in die ihr heute Vertrauen habt.[5]

Ihr Lieben, es ist richtig, daß ihr lernt, mit diesen Energien umzugehen, aber ich bitte euch dringend: Verlaßt euch auf eure eigene Kraft, auf eure eigene ständige Verbindung zum Kosmos. Ihr seid keine einzige Sekunde alleine. Ihr seid ständig, ständig behütet und beschützt. Ich bitte euch: Laßt euer Vertrauen wachsen: In die Gewißheit dieses Schutzes. Die Banken und die Versicherungen und ähnliche Dinge haben ihren Lernzweck für euch. Aber ich bitte euch nachdrücklich, sie zum Werkzeug zu machen, nicht zu euren Herren.

Wenn ihr eure wunderbare Kraft abgebt, eure Macht abgebt, dann ist es schrecklich aus unserer Sicht. Wenn ihr sie aber anonymen Größen abgebt, macht ihr euch abhängig, und zwar in große weite Tiefen eures energetischen Feldes hinein. Und ihr schürt die Angst. Ihr versteht den Zusammenhang und die Organisation so großer Unternehmen nicht. Es ist die Anonymität, die euch Angst macht. Und ihr wißt, ihr Lieben, wenn ihr Angst fühlt, gibt es genügend Wesen, die genau diese Angst verstärken.

Nur ihr selbst, jeder für sich, kann entscheiden, ob er diese Wesen einlädt, indem er sagt „Na gut, es gibt aber Angst, und ich habe eben welche", also mit anderen Worten, dieses Gefühl festhält, oder ob er sagt „Gut, Angst ist die notwendige Voraussetzung dafür, Vertrauen zu entwickeln", also Angst in die ihr Vertrauen habt in diesem polaren Verständnis.

Und ob ihr dann überall, in allen möglichen Bereichen des Lebens euch dafür entschieden habt und es lebt, dieses Vertrauen lebt, oder euch im einzelnen nicht bewußt seid: Wichtig ist, daß jeder

---

[5] Die Kirche steht für eure spirituelle, Banken + Versicherungen für eure materielle Ausrichtung im Sinne einer Erfahrung, die ihr projiziert.

von euch weiß, konkret weiß: Mir begegnet jede Sekunde in meinem Leben das, was ich brauche, um zu wachsen. Es begegnet mir zum richtigen Zeitpunkt, und es begegnet mir mit der richtigen Kraft. Ich darf Vertrauen haben in alle Geschäfte, die ich abschließe, ich darf Vertrauen haben in alle Menschen, die ich treffe, egal, ob ich sie treffe als Partner im sozialen Leben, oder ob ich sie treffe auf meinem privaten Feld. In dem Moment, in dem mir eine Person begegnet, ist sie für mich der Träger eines Geschenkes.

Bitte habt Vertrauen in alle Personen, die euch begegnen.

Ich weiß, daß ihr viel Angst habt vor den Dingen, die ihr nicht berechnen könnt oder von denen ihr meint, sie nicht berechnen zu können. Ihr Lieben, denkt daran, so oft wie möglich: wenn ihr Zweifel aussendet, bekommt ihr Zweifel. Wenn ihr Angst aussendet, bekommt ihr Angst. Wenn ihr Mißtrauen aussendet, bekommt ihr Mißtrauen.

Bitte, wenn ihr diese Gefühle wieder spürt, bittet sofort um Hilfe. Ihr seid unverletzlich. Bitte nehmt diese Wahrheit an. Es kann euch niemand etwas tun, auch nicht euer Leben nehmen - das ist ja etwas Großes - außer ihr seid auf einer bestimmten Stufe damit einverstanden. Wenn ihr sicher wißt: „Ich bin, und ich bin unverletzlich, ich bin die Manifestation des Einen in seiner bestimmten Energie, die ich entschieden habe zu leben", dann kann euch nichts treffen.

Vielleicht habt ihr diese Erfahrung mit Tieren gemacht. Wenn euch Tiere, vor denen ihr Angst hattet, entgegengekommen sind, und wenn ihr in einem bestimmten Moment gesagt habt: „Nein!", dann sind diese Tiere augenblicklich stehengeblieben. Menschen sind Tiere in diesem Sinne. Es gibt keine andere Energie als die, die ist. Und ob i h r die Energie „Angst" tragt oder die Tiere, das bleibt sich gleich.

Eine Schwierigkeit, die ihr habt, ist die, die sich um Zeitspannen und Zeitpunkte rankt. Ihr Lieben, bitte vertraut und versteht, daß alles, was ist, nicht von euch in der Weise gemacht ist, wie ihr meint, sondern daß ihr ausschließlich einen Impuls ausgesendet habt und wir diesen Impuls empfangen und für euch in seinem Sinne arbeiten. Ihr werdet nervös, wenn etwas nicht zu dem Zeitpunkt passiert, an dem ihr meint: Jetzt ist der Zeitpunkt. Versteht, ihr alle lernt im Moment zu verstehen, daß ihr Vertrauen haben könnt, daß eure Wünsche erfüllt werden, daß die Ereignisse, die ihr haben möchtet, die ihr plant, stattfinden werden in der Weise, in der ihr sie haben möchtet, daß aber diese Ereignisse wie alle anderen Situation Lernsituationen eures Lebens sind.

Und jetzt lernt ihr hauptsächlich, Vertrauen zu haben, euch hinzugeben in Vertrauen, euch hinzugeben in der Sicherheit, in der Gewißheit: Ich möchte etwas Gutes, was mir recht ist und was vielen Menschen recht ist. Und dann werdet ihr das, was ihr haben möchtet, bekommen, auch dann, wenn alle Anzeichen vorher sich nicht erfüllen.

Ich bitte euch darüber hinaus: Wenn ihr etwas festgesetzt habt, ein Treffen mit Freunden, eine Reise, eine Begegnung, einen Arbeitszusammenhang oder was immer, ich bitte euch, bis zum letzten Moment Vertrauen zu haben, daß dieses Ereignis stattfindet. Sagt vorher nichts ab. Ihr seid gerade in der Zeit, zu lernen, etwas, was ihr festgesetzt habt, durchzuführen und diese Dinge, die ihr geplant habt, nicht aus Entscheidung oder Überlegung, aus Verstandesgründen, vorzeitig abzusetzen. Es geht darum, bei der Sache zu bleiben.

Ihr Lieben, ich sage es oft, und sage es wieder: Es gibt genügend Energien, die versuchen, die Dinge nicht stattfinden zu lassen. Seid euch bitte darüber klar und entscheidet so oft als möglich: „Am Vierten des Monats treffe ich mich mit meiner Freundin so und so, am Vierten treffe ich mich mit Personen, mit denen ich über ein bestimmtes Thema arbeiten möchte. Es scheint so, daß niemand Zeit hat. Wenn ihr, von denen diese Idee und dieser Wunsch ausgegangen sind, bei diesem Thema, bei diesem Zeitpunkt bleibt, wird es stattfinden. Es ist eine Übung in Vertrauen und eine Übung in Geduld. Es geht dabei um euch, ihr Lieben.

Und noch einmal: Je sicherer ihr vertrauen könnt, je sicherer werden die Menschen um euch versuchen, ihre Prozesse, ihre Auf-

gaben mit euch zu leben, je sicherer werdet ihr auch eurem Heimatplaneten helfen, die Zeiten, die kommen werden, zu überstehen.
Ihr selbst habt dann natürlich auch eine größere Sicherheit. Die Sicherheit, die ihr braucht, kommt aus euch, aus niemand anderem, und zwar aus jedem von euch.
Mit der Gewißheit, mit der die Pflanze den Boden verläßt, auch wenn sie nicht weiß, wohin sie kommt, mit der Gewißheit, blühen zu können, mit dieser Gewißheit, ihr Lieben, verseht euch, stattet euch aus, und lebt Vertrauen.
Ihr wißt, daß der Lohn in Freude besteht. In der Gewißheit eben, daß nichts, nichts euch von eurer Mitte entfernen kann, außer ihr selbst.
Ja. Erkundet eure Leben, wo überall sich die Qualität Vertrauen leben läßt. Und redet miteinander darüber. Ihr regt e u c h an, und alle anderen auch.
Etwas zur Erinnerung: Wenn ihr nicht strahlt und lacht, lebt ihr in einem eurer Muster. Guckt genau hin, und ihr werdet es finden, und dann gibt es etwas zu lachen.
Soll ich es noch einmal sagen? Ich glaube, ja. Bitte redet miteinander. Sprecht eure Gefühle an. Sprecht darüber, wenn ihr euch traurig fühlt, wenn ihr euch fröhlich fühlt. T e i l t euch mit, miteinander. Teilt euch mit. Versteht ihr? Überwindet die Trägheit, sie ist sowieso nur die verkleidete Angst, und wagt zu sein. Ich liebe euch. Oh, wenn ihr doch alle sehen könntet, was wir alle sehen. Ihr seid wunderbare Sterne. Nehmt doch wahr, daß ihr sie seid. Fühlt ihr, fühlt ihr den Frieden? I h r macht diesen Frieden. Es ist das Vertrauen, das sich so anfühlt. Trinkt es, bis ihr satt seid, und erkennt es wieder. Und gebt keine Ruhe vor euch selbst, bis ihr dieses Gefühl wieder erreicht habt.
Und noch einmal: Wenn ihr meint, ihr könnt es alleine nicht schaffen, dann ruft, und ihr werdet es mit uns zusammen schaffen können.
Die Grenze, die ihr erreicht, ist die, zu wissen, daß ihr von Liebe getragen, von Vertrauen umgeben, auf Menschen zugeht und sie

anfaßt und sie umarmt und bei ihnen bleibt für die Zeit, die nötig ist. Ja. Gut, ihr Lieben, das war mein heutiges Sprüchlein.

Seth-Abend 26. September 1995:

BEZIEHUNGEN

Guten Abend, meine Lieben.

T: Guten Abend.

Meine liebe Schwester, liebe Christine, aus unserer Dimension hörst du jetzt das Ständchen, wenn du hinhörst. Wir freuen uns mit dir, daß du heute meinst, ein Jahr älter geworden zu sein. Also, viel Mut und Kraft auf allen deinen Wegen.

T: Gut, hmhm. Noch mehr Kraft als voriges Jahr, aber das war schon ganz gut.

Sooo, wer redet heute freiwillig?

T: Auszählen!

Wir können ja ganz anders zählen. . . eins, zwei, drei, vier, fünf, sechs, sieben. . . solange, bis du sagst: „Oh, ich darf wieder". Gefällt euch das, daß ihr redet? (Pause) *Na, der Chor ist ja nicht sehr überzeugend. Gut. Also, jetzt fang' an.* (allgemeines Gemurmel, zögerndes Lachen)

T: Du mußt jetzt dein Sprüchlein sagen. (längeres Schweigen)

Gib mir mal deine Hand, dann geht das schneller. So. Jetzt fang' an.

T: Seth sagt uns immer an dieser Stelle, daß es wichtig ist, daß jeder sich meldet und seine Stimme zum Klingen bringt. Wenn wir dies tun, dann erzeugt das in uns eine Freude, dann freuen sich sämtliche Zellen. Wenn jemand redet, dann gibt das auch für den nächsten das Stichwort, die Anregung, um auch sich einzubringen. Ja, das war dann alles, was ich zu sagen habe.

Gut! Sind die anderen einverstanden? (allgemeine Zustimmung) *Fehlt da irgendetwas?*

T: Jaa.

Gut, dann rede.

T: Hm. (Lachen) Ja, es geht in erster Linie um Schwingungen, um eine Frequenz, die einfach, indem wir unsere Sprechorgane in Schwingungen bringen, unseren ganzen Körper erfüllt, alle unsere Zellen. In allen unseren Zellen ein Gefühl von „Miteinander-Verbundensein" erzeugen. Und gleichzeitig: das, was auf unserer Körperebene, in unserem Körper passiert, passiert auch auf einer anderen Ebene, der Ebene der Gruppe, in dieser Gruppe, die wir hier sind. Es ist im Prinzip nochmal eine Ergänzung zu dem, was du eben gesagt hast, finde ich. Hm, was fehlt noch?

T: Man kann nichts Dummes sagen, nichts Falsches, und es muß auch nicht klug sein.

T: Ja genau, das ist ganz wichtig.

T: Und es kann auch einfach ein Ton sein. Das Wichtige ist einfach, daß wir irgendetwas machen, und wenn es 'Muh' ist oder (lachen) und ansonsten auch Geräusche.

Ja.

T: Und es ist auch wichtig, Dinge ernst zu nehmen, die uns einfallen, die scheinbar nichts zu tun haben mit dem Thema, weil sie einem eben nicht zufällig einfallen und vielleicht jemand anderen auf einen Gedanken bringen, der eigentlich wichtig ist. Wir sind wie Brücken für einander.

Ja, ich möchte euch noch einmal etwas hinzufügen. Es geht, wie ihr richtig gesagt habt, nicht darum, ob ihr Intelligentes sagt, sondern es geht darum, daß ihr eure Herzen öffnet und einander fühlen lernt, euch fühlen lernt und einander fühlen lernt.
Und je mehr ihr lacht und je freier ihr redet, je unerzogener ihr Töne von euch gebt, desto schneller ist diese Herzensöffnung passiert.
Wenn ihr nicht mehr kontrolliert, sondern nur noch seid, dann entwickelt ihr in euch die Teile, die ihr braucht, um in diese Freude zu kommen, von der ihr anfänglich gesprochen habt. Es geht also nicht um Intellektuelles, sondern es geht um die Gefühlsqualität: Wer bin ich. Und wer ist der andere. Und was tun wir zusammen.
Ihr Lieben, ich sage es euch solange, bis es jeder verstanden hat. Ihr kommt nicht alleine in die neue Dimension, sondern nur zusammen.
Wenn ihr also in eurer Mitte seid, wenn ihr also tönt, jeder sein eigenes Instrument, dann gibt es eine Resonanz mit allen anderen Instrumenten. Und wenn ihr wagt und wenn ihr weich seid und wenn ihr fröhlich seid und wenn ihr vertraut, dann steckt ihr alle eure Menschen oder alle Menschen in eurer Umgebung an, dieselben Töne tönen zu lassen.
Das ist ein altes Gesetz. Ihr wißt es.
Also schafft euch eure eigene Sicherheit in jedem Moment und in jeder Beziehung, indem ihr eure Stimme benutzt und die Welt mit Tönen erschafft.

Das, was von euch ausgeht, das Gefühl jubelnden Friedens erreicht alle Dimensionen. Auch wenn ihr glaubt: „Na, was ich sage, interessiert sowieso niemanden, und wer weiß, wie weit das geht."
Es geht. Ihr werdet euch wundern, daß ihr später euren eigenen Worten begegnet, die Form geworden sind.
Also, falls jemand müde ist oder träge: In dem Moment, in dem er seinen Ton trifft, ist er wieder wach, ist nämlich der Kanal geöffnet, der ihm die Energie zufügt, die er gerade braucht. Das könnt ihr auch anwenden für euch selbst. Wenn ihr euch nicht wohl fühlt, dann könnt ihr natürlich die berühmte Sternübung[6] machen.
Aber ihr könnt euch einfach auf eine andere Weise regenerieren. Setzt euch oder legt euch entspannt hin und laßt den Ton kommen, der kommen möchte. Zentriert euch in eurem Hara und singt euren Ton in den Vokalen, in denen ihr ihn singen möchtet.
Wenn ihr diese Schwingung eine Zeit lang ausübt, werdet ihr feststellen, daß ihr wieder kräftig seid, wieder normal seid, wieder voller Tatendrang seid.
Müdigkeit ist eine Festsetzung von Energie, eine Unterbrechung des Fließens. Normalerweise bräuchtet ihr keine Ruhepausen, in dem Sinne, daß ihr schlafen müßt, weil ihr müde seid. Es handelt sich dabei um einseitige Belastungen und darum, daß ihr Leistungsmustern folgt.
Gut, das war die Erweiterung des heutigen Sprüchleins. Ich bin mit euch zufrieden. Ihr redet, ohne gefragt zu sein. Das gefällt mir gut.

Also, jetzt kommen wir zu dem Thema des heutigen Abends. Ich habe dieses Thema zweifach gewählt: B E Z I E H U N G U N D B E Z I E H U N G E N.
Immer wieder kommen wir auf dieses ganz wichtige Thema.

T: Wen betrifft das nicht.

---

[6] Die Sternübung ist im Anhang vollständig angegeben.

Eben. Ihr seid mit der Aufgabe auf die Erde gekommen, das, was ihr leben wollt, in Beziehungen festzustellen. Gott schuf den Menschen sich zum Bilde. Damit sind zwei Zentren entstanden: der Schöpfer und sein Geschöpf. Das heißt, ihr reproduziert in jeder Sekunde eures Lebens dieses Schöpfungsmodell. Immer, oder sagen wir, quasi immer seid ihr nicht allein. Ihr steht in Beziehung. So, ihr Lieben, und welches Wort findet ihr darin?

T: Ziehen.

So ist es. Und 'ziehen' bedeutet weg von mir, oder?
Also, jetzt könnt ihr euch entscheiden, ob ihr hin zu euch zieht, oder ob ihr wegziehen laßt. Und das ist die Dynamik, in der jeder Mensch in jeder Sekunde steht.
Es geht darum, seinen eigenen Gesichtskreis in Bewegung zu setzen mit sich selbst und mit allen anderen Wesen.
Leben ist Bewegung.
Also ist jede Sekunde des Lebens Bewegung. Jede Sekunde macht ihr eine Erfahrung. Und wenn ihr wach seid, wißt ihr von dieser Erfahrung.
Jede Sekunde, in der ihr Erfahrung zulaßt, in der ihr also Gefühl zulaßt, lebt ihr.
Es zählen die Dinge, es zählen die Situationen, in denen ihr mit eurem Gefühl gelebt habt.
Wenn ihr euren Verstand benutzt - das sage ich euch auch so oft, wie ich Gelegenheit dazu habe, mit euch zu sprechen - wenn ihr euren Verstand benutzt, dann laßt ihn bitte Diener sein. Laßt euer Gefühl Wegweiser sein und euren Verstand entscheiden, welche der Situationen ihr lebt, ob ihr rechts lang geht oder links lang geht. Ihr versteht mein kurzes Beispiel.
Jeder Mensch ist in jeder Sekunde Spiegel alles dessen, was ihn umgibt, und gleichzeitig Schöpfer dessen, was ihn umgibt.

Immer, wenn ihr also neben einer Person steht, die aus einem anderen Kulturkreis ist, in dem andere Verknüpfungsmuster die Identität der Gesellschaft bilden, spiegelt ihr euch und seid zum Teil ein Teil dieser anderen Person.
Stellt euch das so vor: Wenn ihr neben einem Schäferhund steht, seid ihr ein Teil Schäferhund, wenn ihr dieses Tier zulaßt, respektiert, liebt. Der Schäferhund wird ein Teil eurer selbst. Das heißt, alles, was an Projektion und an Spiegelfunktion möglich ist, tritt in Kraft. Wenn ihr neben einer Person steht, seid ihr ein Teil dieser anderen Person. Und sie ist ein Teil eurer selbst.
Wenn ihr verschiedene Fotos von Valanga seht, achtet mal darauf, neben wem sie steht. Sie sieht dieser Person ähnlich. Es ist eine der Begabungen, in die Person hineinzugehen. Und in dem Moment, in dem ihr das zulaßt, nehmt ihr bis in die Physis hinein Teile der anderen Person auf.
Wenn ihr euch also selber betrachtet, wie sehe ich aus neben der oder der Person oder neben dem oder dem Wesen, habt ihr eure eigene Durchlässigkeit betrachtet, habt ihr eure eigene Möglichkeit betrachtet, aktiv und bewußt mit dem anderen zusammen etwas zu gestalten, eine Situation für euch verwendbar zu machen.
Wißt ihr, das, was ich eben beschrieben habe, ist im Prinzip nicht anders, als wenn zwei Individuen ein Kind zeugen.
Immer, wenn sich zwei Personen begegnen, erzeugen sie in gewisser Weise Kinder. Sie erzeugen das Mittel zwischen sich selbst.
Achtet darauf, mit wem ihr umgeht. Ich sage nicht, laßt die anderen Menschen außen vor. Habt Respekt vor jedem Wesen, das euch begegnet. Das ist das Mindeste.
Aber achtet darauf, mit wem ihr längere Zeit verbringt. Betrachtet euch selbst und seht, ob ihr mit der einen oder der anderen Person mehr werdet, ob ihr fröhlich von dannen geht, dann seid ihr mehr geworden, oder ob ihr mit dem Gefühl geht: naja, ob sich das nun gelohnt hat.
Macht euch bitte klar, was ihr mit welcher Person lebt. Macht euch bitte klar, welche Person welches eurer Muster aktiviert. Und dann macht euch klar, ob ihr die Muster, die aktiviert wer-

den, in eine andere Vollendung bringen möchtet. Wenn ihr das Gefühl habt, es sind Muster, die nicht zu eurem Wachstum beitragen, dann entscheidet, ob ihr diese Begegnungen wiederholen wollt oder nicht.

Auch wenn ihr, wie ich euch auch schon einige Male gesagt habe, nur Personen trefft, oder sagen wir im großen nur Personen trefft, die ihr braucht, weil sie bestimmte Dinge mit euch zu vollenden haben, könnt ihr entscheiden, meine Lieben, wie oft ihr eine solche Begegnung wiederholt und ob ihr sie überhaupt noch wiederholt.

Verwendet eure Energie zu eurer Zentrierung. Eure Zentrierung bedeutet, daß ihr fröhlicher werdet, daß ihr freier werdet und daß ihr entschiedener lebt, daß ihr die kommenden Situationen entschiedener annehmt.

Wir können euch nur bitten, macht euch so stark wie möglich. Lebt bewußt mit den Personen, die ihr auswählt, und vertreibt euch die Zeit nicht.

Ich bitte euch weiter, das, was ich euch auch schon einige Male gebeten habe: Bitte sprecht über eure Gefühle. Wenn ihr traurig seid, wenn ihr glücklich seid, wenn ihr unsicher seid oder was immer ihr seid. Teilt es einander mit. Ihr wißt, daß ihr nicht jede Sekunde wachsam seid und nicht jede Sekunde bewußt lebt. Wenn ihr aber den Appell eurer Brüder und Schwestern hört und empfindet, werdet ihr wieder daran erinnert, worum es eigentlich geht. Je schneller ihr wißt, wann ihr warum welche Gefühle habt, je schneller seid ihr im Jubel. Und ich bitte euch zu verstehen: Schnell heißt nicht hektisch!

Schnell heißt konsequent. Laßt euch nicht ablenken durch Dinge, die mit euch nichts zu tun haben. Ihr lernt nur, indem ihr eine Aura mit der anderen Aura zusammenkommen laßt, weil ihr Gefühle austauschen könnt.

Wenn ihr Gefühle erzeugt, ohne daß ihr sie austauschen könnt, sammelt ihr die Dinge, die euch ersticken machen. Ich spreche zum Beispiel von der Form des Fernsehens. In dem Moment, in dem ihr nicht fließen könnt, fangt ihr an, euch zu stauen und zu stoppen. Benutzt die Technik mit lauterem Herzen, aber benutzt

i h r sie und laßt ihr euch nicht von ihr benutzen. Beziehung ist nur möglich, wenn zwei miteinander ziehen. Und das ist ein Austausch, der fruchtbar ist für beide Teile.
Wenn ihr liebt, könnt ihr jede Form annehmen, ohne daß ihr fürchten müßt, eure Identität zu zerstören. Das gilt auf jeder Ebene.
Wenn ihr anfangt, euch zu verteidigen, wenn ihr anfangt, euren Bereich abzusichern, liebt ihr nicht. Das ist sehr wichtig, daß ihr das versteht. Die Grenze setzen ist etwas anderes als sich verteidigen.
Die Grenze kann man nur in einer aktiven, lebendigen Situation setzen. Verteidigung hat nichts mit Lebendigkeit zu tun.
Jeden Tag hat eure Grenze eine andere Entfernung. Wenn ihr eine Demarkationslinie setzt, ist sie starr. Stellt jeden Tag in Frage, wo eure Grenze ist. Erprobt euch.
Ich sage euch wieder und wieder, meine Lieben, ihr seid unverletzbar, ihr seid ewig. Das ist ein solcher Grund zum Jubel, daß ihr im Grunde euch selber nicht versteht, warum ihr nicht ausschließlich jubelt. (Lachen)
Wenn ihr euch nicht verteidigt, sondern wenn ihr wißt, sicher in euch wißt, daß ihr unverletzlich seid, fällt euch in jeder Sekunde das Richtige ein, was ihr tun könnt: Eure Grenze in einer bestimmten Sekunde in einem bestimmten Moment zu setzen.
Ihr braucht euch dann nicht zu sorgen, sondern ihr könnt fröhlich, fröhlich dahinleben. Unbesorgt schlendern. Wenn ihr Hunger habt, wird der Apfel direkt vor euch erscheinen. (Lachen) *Oder das schöne Apfelbrot. Ja.*
Beziehungen, die ihr länger lebt, müßt ihr erhalten.
Seht zu, daß ihr euch an jedem Tag überlegt, was möchte ich heute mit meinem Partner leben.
Habt ihr mich gehört?
(Verstehendes „Ja“ aus der Runde)
Teilt ihm das mit. Ohne daß der Partner sich unter Druck gesetzt fühlt. Das gilt in jedem sozialen Bezug. Und wenn ihr Spaß daran habt, dann schreibt euch auf, gestern wollte ich das, heute möchte

ich das und so weiter. Ihr werdet erstaunt sein, wie wunderbar diese Kurven werden, derer ihr euch bewußt werdet.
Und wenn ihr das Gefühl habt, eure Kraft reicht nicht aus, zieht euch zurück. Sofort. Für die Zeit, die ihr braucht, um wieder das Gefühl zu heben: Ja, jetzt ist wieder alles in Ordnung.
Und schafft euch (laut) *Lebensbedingungen, ihr Lieben, im sogenannten Privatbereich und im sogenannten öffentlichen Bereich, die solche Rückzüge möglich machen, ja begünstigen.*
Ihr seid die Baumeister eures Lebens. Stellt euch bitte vor, wie das aussieht, und findet Formen, um einander diese Freiheiten zuzugestehen.
Ihr Lieben, es wächst die Freude und wächst euer Bewußtsein. (ruhig) *Es wächst auch eure Verantwortung. Laßt euch bitte nicht treiben von sogenannten Sachzwängen. Bittet einander darum, was ihr braucht. Nicht mit dem Anspruch, ich habe recht, sondern in der Bitte um Verständnis. In der Haltung, in dem Gefühl, weißt du, ich habe Hunger, bitte gib mir etwas zu essen, oder gib mir bitte den Raum, etwas zu essen zu holen. Ihr versteht, was ich meine, nicht wahr?*
Wenn ihr den Mut habt, euch und eure Bedürfnisse zu leben, ehrlich und direkt, werdet ihr den anderen ermutigen, das gleiche zu tun. Ihr könnt eure Welt nur verändern, wenn ihr selbst zu euch steht und Beziehungen möglich macht.
Ich glaube, das reicht. Gut.
Im Grunde habe ich euch die Dinge von verschiedenen Seiten aus erklärt, nur habe ich sie heute in einen größeren Zusammenhang gestellt.
Ja. Wenn ihr das könnt, wenn ihr euch dessen bewußt seid, was ich euch eben versucht habe zu erklären, seid ihr reif, diese Gemeinschaften zu bilden, von denen wir euch immer erzählen. Das Wichtigste ist, daß ihr miteinander sprecht: Paß auf, du hast mich geärgert. Paß auf, ich möchte dich heute lieben. Paß auf, dada dada dada... ihr wißt, was ihr fühlt.

Gut, jetzt seid ihr dran.

Seth-Abend 10. Oktober 1995:

WAS IST NÖTIG, UM IN HARMONIE ZU SEIN?

Guten Abend, meine Lieben.

Guten Abend.

Ich hoffe doch, daß ihr mich in einem schönen Chor begrüßt. Sollen wir das noch mal probieren? Guten Abend, meine Lieben.

(Alle:) Guten Abend, Seth.

Das ist sehr schön. Habt ihr gemerkt, ich hab' euch ausgetrickst. Jetzt habt ihr nämlich schon einmal etwas gesagt. Für alle Menschen, die nicht gewohnt sind, zu kommen, sage ich mein Sprüchlein heute wieder selber. Und ihr korrigiert mich, wenn ich dabei etwas Wesentliches vergessen habe.
Also, ihr habt jeder von euch eine wunderbare Stimme, und wenn ihr diese Stimme benutzt, stimmt es. Das heißt, eure Zellen, jede einzelne für sich, empfängt die Frequenz eurer Stimme und fühlt sich zu Hause.
Das ist etwa, wie wenn das Band zwischen Mutter und Kind betrachtet wird. Eure Stimme ist der Leitfaden für alles, was in eurem Schwingungskreis passiert.
Wenn ihr also eure Stimmen benutzt, dann seid ihr schon auf dem Wege, Blockierungen, die ihr eigentlich Krankheiten nennt, entweder gar nicht erst entstehen zu lassen, oder ihr seid dabei, sie aufzulösen.
Wenn ihr euch täglich in einen vertrauten Winkel eures Hauses, eurer Wohnung, eures Umfeldes setzen würdet und einfach den Ton kommen lassen würdet, der gerne gesungen oder gesprochen

werden möchte, hättet ihr nach einer gewissen Zeit das gesamte Schwingungsfeld wieder in Ordnung gebracht. Es ist also ganz leicht, nach Hause zu kommen.
Zum anderen möchte ich euch sagen: Der Inhalt dessen, was ihr sagt, hat eine gewisse Bedeutung. Aber die Bedeutung, die ihr ihm beimeßt, hat er nicht. Es ist also vollkommen egal, ob ihr Muh oder Mäh singt oder sagt oder ob ihr etwas Wesentliches, z.B. Wissenschaftliches, sagt. Den Spaß an dem einen oder anderen könnt ihr haben, er ist gleichwertig.
Worum es geht, ist, daß ihr redet, ist einfach, daß ihr eure Scheu vor euch und den anderen durchbrecht.
Und der dritte Komplex, ihr Lieben, den ich euch nun schon seit einiger Zeit immer, immer wiederhole: Wenn einer von euch etwas sagt, was ihm einfällt, dann hat er vermutlich etwas gesagt, was irgendeinen anderen in eurer Runde anstößt, auch etwas zu sagen. Und damit kommt ihr in diesen wunderbaren Dialog. Und das ist das, was ihr braucht, um euch miteinander zu vergewissern, daß ihr richtig seid, daß es stimmt.
Ich bitte euch also, auch wenn ihr etwas sagt, was nicht zum Thema zu gehören scheint: Ich versichere euch, es gehört hierher und also in gewisser Weise zum Thema. Das Wichtigste, ihr Lieben, was ich euch lehren kann, ist, daß ihr wagt, zu s e i n . An erster Stelle mit eurer Stimme.
Sollen wir vielleicht vorab probieren, wie das ist, wenn alle zusammen einen Ton von sich geben, dann in ihre Füße hören und ihren Ton in ihren Füßen hören, jeder in den seinen? Wollen wir das? Hmhmhm.

T: Ja.

Das war ein richtiges Ja. Darüber freue ich mich. So, also fangt mal an, ich höre nämlich. (Tönen)
Macht den Mund auf. Ja. Macht das so lange, bis ihr etwas spürt in eurem Körper. Und wenn euch dann die Lust und Freude hoch-

steigt, dann verändert ihr den Ton, wenn ihr möchtet. (klingt aus) Schön. So, jetzt sind wir alle da. Ich danke euch. Ja. Und wie ist das Thema für heute abend?

WAS IST NÖTIG, UM IN HARMONIE ZU LEBEN?

Eben habe ich euch etwas Wichtiges zu diesem Thema gesagt. Nämlich: benutzt bitte eure Stimme, für euch selber, so lange, wie ihr das eben gemacht habt, so lange, bis ihr das Gefühl habt: Es geht mir gut.

Das zweite, was ich euch empfehle, ist, daß ihr euch so oft wie möglich eurer Verbundenheit mit der Erde bewußt seid oder werdet. Atmet bewußt aus und verwendet ein Bild für euch, das dieses Ausatmen unterstützt. Atmet in eurer Vorstellung aus bis in den Mittelpunkt der Erde. Ihr könnt das mit Vorstellungen von Strahlen machen oder mit Vorstellungen von Wellen, das ist egal. Worum es geht, ist folgendes: wenn ihr nicht fest auf eurer Erde steht, kann die Krone eures Baumes sich nicht mehr entfalten. Versichert euch also so oft wie möglich eurer Zugehörigkeit zu eurem Mutterplaneten.

Ihr müßt atmen, das wißt ihr auch. Also nehmt euch vor, auch bewußt auszuatmen. Ihr könnt das unterstützen, indem ihr eure Füße verbreitert, wenn ihr lauft, wenn ihr steht, daß ihr soviel Raum einnehmt wie möglich und fühlt, egal ob ihr Schuhe anhabt oder nicht, wie es sich auf dem Platz steht, auf dem ihr steht.

Ihr könnt dieses Gefühl, sicher auf der Erde zu ruhen, unterstützen, wenn ihr hin und wieder eure Aufmerksamkeit auf euer Wurzelchakra lenkt. Die Aufmerksamkeit, die ihr ihm gebt, bringt ein Pulsieren in euren Standapparat.

Und dann vergeßt nicht, das, was ihr anfangt, zu genießen.

Laßt euch Zeit, ihr Lieben, laßt euch Zeit zu allem, was ihr tut. Und dazu gehört ganz bestimmt Genießen.

Wenn ihr eure Füße auf der Erde spürt, genießt es, wie schwer ihr seid, wie es sich anfühlt, den Fuß auf der Erde zu bewegen, mit der Erde zu spielen.

Genießt die erhöhte Frequenz eures Wurzelchakras und genießt, wie aus dieser Sicherheit euer Baum wächst.
Wenn ihr das macht, ab und zu und besonders dann, wenn ihr anfangt, nervös zu werden, oder wenn etwas schnell gehen soll. Dann, ihr Lieben, habt ihr ein sehr, sehr sicheres Gefühl, daß alles, was euch begegnet, zum richtigen Zeitpunkt da ist. Auch dann, wenn euer Verstand euch sagt: „Ich komme zu spät. Der Bus fährt mir weg", oder was immer ihr an kulturellen Zeitsprüngen oder Zeitpunkten festsetzt.
Die meisten Unstimmigkeiten, die meisten Disharmonien, die ihr lebt, entstehen daraus, daß ihr den Faktor Z e i t nicht beachtet, nicht würdigt.
Ihr wißt, alles auf dieser Welt hat sowohl die Dimension Zeit als auch die Dimension Raum. Raum ist das Verständnis der Dinge. Normalerweise wißt ihr das, was nach eurer Meinung richtig oder falsch ist.
Aber was ihr fast nie beachtet: In allem, was ihr tut, ist auch der Faktor Zeit enthalten.
Betrügt euch nicht um eure Lebenszeit, weil ihr meint, ihr hättet keine Zeit. Jeder von euch hat alle Zeit der Welt. Und wenn ihr das Gefühl habt, ihr seid überfordert oder ihr habt nicht genug Zeit: Brecht bitte sofort ab, was ihr gerade tut. Und wartet so lange, bis ihr wieder in der richtigen Zeit schwingt: Nämlich in e u r e m Muster, in e u r e r Zeit. Laßt euch nicht von irgendwelchen äußeren Erscheinungsformen, ob das U-Bahnen sind oder andere Uhren, die eure Arbeit messen, ablenken.
Alles, was euch von e u r e r Zeit wegführt, ist nicht gelebtes Leben, weil ihr euch die Zeit, die ihr braucht, um in eurem Gefühl zu verstehen, nicht einräumt.
Erst, wenn ihr euch die Zeit gebt, die ihr braucht, euer Gefühl zu verstehen, hat der Augenblick, den ihr erlebt habt, eine Frucht getragen. Und dann passiert das große Wunder.
Viele von euch haben das ganz unzählige Male erfahren: Wenn ihr in eurer Zeit schwingt, dann fangt ihr an, sehr fröhlich zu sein. Und die Dinge gehen euch von der Hand. Alles, was ihr tut, macht

auf einmal Spaß. Und ihr erfindet viele kleine Dinge, die mit einer Arbeit oder innerhalb eines Gespräches daherkommen. Und dann, ihr Lieben, seid ihr die Menschen, die ihr wirklich seid. Ihr lebt in euren kreativen Momenten. Und ihr könnt diese Momente jeden Augenblick haben, ihr könnt jeden Augenblick Freude haben.

Das heißt in Harmonie mit sich selbst leben. Denkt daran: Alles braucht seine Zeit - s e i n e Zeit.

Guckt euch an, ob eure Dynamik eine schnelle, eine langsame oder wie eine immer geartete Dynamik ist. Und dann akzeptiert euch und guckt nicht auf die Person neben euch, die etwas schneller kann. Sie kann es nicht schneller. Sie kann es in ihrer Zeit. Und wenn ihr aus dem Takt geratet, eurem eigenen Takt, dann guckt, welches eurer Musterteile ihr damit transformieren könnt.

Und wenn ihr anfangt, traurig zu werden, wenn ihr weint, nicht aus Erlösung, sondern aus Trauer, ihr Lieben, nehmt sofort einen Spiegel in die Hand, guckt euch an und lest euer Gesicht. Und dann hört auf die Antwort, die euer Gesicht euch gibt. Ob es sagt: „Na gut, dich kann ich sowieso nicht leiden.“, oder „Jaja, deine Nase war schon immer zu groß.“ Oder solche Antworten.

Und dann seht, daß das der Punkt ist, an dem ihr euch nicht liebt. Und dann sagt sofort: „Gut, liebes Muster, du hast bis zu diesem Moment dabei gewirkt, daß du meintest, meine Ohren seien zu klein oder zu groß und meine Nase sei zu dick oder zu dünn.“ Und dann sagt: „Guten Tag, liebes Muster, ich kenne dich, ich brauche dich nicht. Ich muß mich nicht mehr an dich binden. Ich möchte gerne mehr von der Welt erfahren als meine Nase und meine Ohren.“

Und ihr werdet staunen. Plötzlich könnt ihr lachen. Und jetzt seid ihr wieder in eurer Zeit.

Und wenn ihr mit Menschen zusammentrefft, mit denen ihr nicht singt oder mit denen ihr nicht das Gefühl habt, zu lachen oder froh zu sein, fragt euch sofort: „Was spiegelt mir dieser Mensch von mir selbst?“ Und dann zieht euch zurück, so lange, bis ihr verstanden habt.

Und ich sage euch wieder und wieder und wieder: In den Momenten, in denen ihr traurig seid und nicht alleine weiterkommt, bittet um Hilfe. Sie wird euch zuteil werden. Und falls ihr zufällig eine Uhr dabei haben solltet, dann guckt mal, wie lange es dauert, bis diese Hilfe da ist. Ich sage euch, es ist weniger als eine halbe Stunde. Macht die Ohren auf und die Augen auf und seht, was euch geschenkt wird.

Ihr Lieben, etwas, was ich nicht oft genug wiederholen kann: tut nichts, bitte gar nichts, was euch keine Freude macht. Wenn ihr nämlich etwas tut, was euch keine Freude macht, dann schneidet ihr euch den Weg zu eurer eigenen Erleuchtung ab. Immer wenn ihr funktioniert und nicht liebt, zahlt ihr mit eurem Leben und mit eurer Zeit und mit eurer Freude.

Wenn ihr anfangt, in euch zu ruhen, wenn ihr wißt, wie ihr euch, die ihr aus der Bahn gekommen seid, durch welche Situation immer, wenn ihr wißt, wie ihr das tut, wie ihr euch wieder in eure eigene Balance kommen lassen könnt, wißt ihr, was dann passiert? Dann kommen die anderen zu euch und sagen: „Bitte hilf uns. Wie machst du denn das?" Und dann sagt ihr das, was ich euch gelehrt habe, und i h r seid dann der Punkt, von dem aus weite Wellen des Verständnisses und der Harmonie und der Freude sich verbreiten.

Und wenn ihr das konsequent lebt, werdet ihr euch wundern darüber, daß alle Disharmonie aus eurer Umgebung verschwindet. Auch die, von der ihr meint, daß ihr gar keine Zugänge dazu hättet, keine Beteiligung. Alle Arten von Disharmonie werden verschwinden, weil ihr sie nicht mehr anzieht, weil ihr sie nicht mehr braucht.

Und stellt euch vor, wie schön es ist, wenn viele Menschen gelernt haben, so zu leben: Nur auf sich selbst bezogen, auf den Impuls aus dem eigenen Inneren.

Das ist kein Egoismus, ihr Lieben, sondern das ist das Bewußtsein, das ein Baum hat, das ein Tier hat. Es trägt die Verantwortung für sein eigenes Sein. Und ihr werdet stark sein und nichts wird euch aus eurer Mitte werfen können.

Bleibt konsequent bei dem, was ihr entschieden habt zu leben. Wenn ihr z.B. entschieden habt, meinen Ratschlägen zu folgen: dann werdet ihr geprüft, ob ihr es wirklich ändern wollt.

Immer, wenn ihr entschieden habt, ich möchte das und das tun, werden eine Reihe Kontrollsituationen auf euch zukommen. Und dann macht euch klar, sie sind dazu da, euch in eurem Entschluß zu stärken, nicht euch von eurem Entschluß wegzuführen.

Und wenn ihr diese Kontrollsituationen hinter euch habt, dann seid ihr, meine Lieben, in einem neuen Status der Liebe, in einer neuen großen Stärke, in einer neuen persönlich empfundenen Harmonie. Denn im Prinzip seid ihr immer in Harmonie, nur müßt ihr das sehen lernen. Also, ihr sagt dazu: Ihr müßt euch das bewußt machen.

Meine Lieben, ich glaube, das reicht von mir aus, und ich freue mich darauf, mit euch in eure Dialoge und in eure Zeiten zu kommen.

So, nun redet ihr. (Pause) *Ich warte auf euch.*

Seth-Abend 17. Oktober 1995:

REINIGEN UND ORDNEN

Guten Abend, meine Lieben.

T: Guten Abend.

Es freut mich, daß wir auch hier wieder gewachsen sind. Ihr wißt schon, ein Zentralauftrag des Lebens ist Wachsen. Gut.
Aber bevor wir in die Dinge gehen, die ich heute mit euch besprechen möchte, kommt mein berühmtes Sprüchlein, damit ihr es singen könnt, wirklich singen könnt. Es soll ja unter euch Personen geben, denen Musik ein Bedürfnis ist. Vielleicht können diese Personen zusammen mit denen, denen Worte Spaß machen, ein wunderschönes Lied komponieren. Und das hätte dann den Inhalt: warum meine Stimme stimmt.[7]
Soll ich auszählen, oder soll i c h reden? Ich erwarte eure Entscheidung. Paß auf, ich kriege dich heute noch. (Jemand hatte dazwischengeredet: ich denke, d u erzählst uns hier was - Lachen).
Ja, also das Wichtigste, was ihr tun könnt während eurer Inkarnation, ist, daß ihr euch ausdrückt. Das Wichtigste ist, daß ihr d i e Qualität, die in euch wohnt, d e n Ton, mit dem ihr auf die Erde gekommen seid, findet und von euch gebt.
Es ist egal, ob ihr sprecht, ob ihr summt, ob ihr singt, ob ihr irgendwelche Töne irgendwelcher Art von euch gebt. Wichtig ist nur, daß ihr Töne von euch gebt.
In dem Moment, in dem euer gesamtes Erscheinungsfeld, ihr sagt dazu für gewöhnlich Körper, eure Stimme hört, bauen sich Blok-

---

[7] Ein solches Lied ist von Imke Mieth gedichtet und in Musik gesetzt worden.

kaden ab, bauen sich Staus ab.

Vielleicht habt ihr schon einmal kleine Kinder beobachtet dabei, daß sie summen oder vor sich hinträllern, wenn sie traurig sind oder wenn sie besonders fröhlich sind. In beiden Fällen handelt es sich um das Leben einer energetischen Qualität, jeweils entgegengesetzt am Ende derselben Amplitude: die Freude oder die Trauer. Die Kinder stimmen sich ein. Sie führen also ihre beiden Amplitudenteile durch ihren Ton zusammen in einen Punkt, und dann stimmt es wieder.

Wenn ihr also euer wunderbares Geschenk, die Stimme, verwendet, dann könnt ihr euch zu großen Teilen selber heilen. Ihr müßt dann einfach nur eure Kulturerwartung von euch ablegen und nicht s c h ö n singen wollen, sondern einfach d e n Ton kommen lassen, der kommen möchte.

Und dann konzentriert euch, indem ihr den Ton kommen laßt, auf euer Hara [8] *und freut euch an dem Ton und geht in den Ton hinein. Ihr werdet erleben, daß ihr hinterher wieder sehr balanciert, froh, zufrieden und so weiter seid.*

Wenn ihr also täglich eure Stimme in der heilenden Weise benutzt, braucht ihr nichts weiteres in den allermeisten Fällen. Sagen wir das so. In jedem Fall aber seid ihr geboren, um die Stimme zu benutzen.

Ich habe euch schon so oft gesagt, bitte benehmt euch schlecht. Das bedeutet, redet dann, wenn ihr den Impuls fühlt, und nicht, wenn euch irgend jemand Zeit läßt, irgend etwas zu sagen. Wenn ihr eurem Impuls folgt, spielt ihr nämlich die entgegengesetzte Rolle zu dem, der lange und viel redet. Der muß lernen, seine Stimme zu h ö r e n , nicht ablaufen zu lassen. Und ihr müßt lernen, eure Stimme t ö n e n zu lassen. Also lernt ihr beide das für euch Nötige, indem ihr euch gegenseitig in die Balance führt. Noch einmal: Bitte benehmt euch schlecht, so oft wie möglich. Wenn ihr den leisesten Impuls fühlt, etwas zu sagen, einen Ton von euch zu geben, tut das bitte. Ihr werdet den Impuls nämlich dann

---

[8] Der Punkt etwas unterhalb des Bauchnabels.

haben, wenn ihr mitsamt eurer Stimme ein Werkzeug seid für die Personen, die in dem gleichen Kreis sitzen.
Das Wichtigste für e u c h , hatte ich euch gesagt, ist, daß ihr euch ausdrückt. Das Wichtigste für m i c h ist, daß ich mich überflüssig mache. Ihr dürft lernen, nicht nur in eurem Kopf, sondern in eurem gesamten Ausdruck: I h r seid das Wichtigste auf dieser Welt. Ihr seid Träger und Erschaffer von Leben. So intensiv wie ihr zulaßt zu fühlen, so intensiv schafft ihr Leben.
Und man kann das eigentlich nur ausprobieren, wenn man seine Stimme benutzt. Es geht dabei nicht darum, welchen Inhalt ihr mitteilt, sondern es geht darum, daß eure Stimme den Weg zu eurem Herzen findet.
Wenn ihr zulaßt, daß ihr eure Stimme liebt, habt ihr die Zentrale eures Seins geöffnet. Versteht ihr das? Es kommt darauf an, daß ihr liebt. Alles, was da ist, auch das „Schreckliche".
Wenn ihr nämlich entschieden habt und euch von dieser Entscheidung nicht abbringen laßt, daß ihr das liebt, was euch begegnet, habt ihr euer Herz aufgeschlossen. Und dann wird die Welt um euch anfangen zu singen. Ihr werdet nicht mehr anders können, als euch von morgens bis abends zu freuen, und die Balancen, die ihr zu dieser Freude dann leben müßt, sind sehr kurze Einsprengsel.
Und wenn von euch die Stimme, das Jubeln, das Tönen ausgeht, erreichen die Wellen, die ihr aussendet, die Menschen, die euch begegnen, und alle die, die in vergleichbarer Frequenz senden. Und ihr schafft mit dieser Freude ein Netz über die Erde, ein Netz voll Licht, ein Netz voll Vertrauen.
Und das, ihr Lieben, ist der eigentliche Grund, daß ihr mit eurer Stimme das Vertrauen vermittelt für euch selbst und für alle Wesen, die an euch teilhaben. Ich bitte euch also dringend, es ist egal, was ihr sagt. Wenn ihr nur darum bittet, falls ihr nach eurem Gefühl nichts Wesentliches sagen könnt: „So, ich möchte jetzt die Aufmerksamkeit der Runde für einen Ton von mir".
Auch das reicht. Macht euch die Freude, daß alle eure Zellen, die jeweils, wie ihr wißt, ihr eigenes Bewußtsein haben, ihren eigenen

kleinen Lebenskreis, so wie ihr selber als Individuen, die den großen Zusammenhang nicht kennen, macht ihnen die Freude, daß sie sich aufgehoben fühlen in dem Ton, der zu euch gehört, den sie hören und in dem sie sich wohlfühlen und in dem sie wachsen in ihrem Bewußtsein. Gebt ihnen also die Chance, sich zugehörig zu fühlen.

Und noch etwas: Wenn ihr das, was ihr sagt, sagt, entsteht die Situation, daß jemand darauf r e agiert, daß er sich angesprochen fühlt. Ihr habt dem anderen also geholfen, in seine Glückseligkeit zu kommen.

Mit allem, was ihr sagt, ihr Lieben, seid ihr Werkzeug auf jeder Ebene, für jedes Wesen, euch selbst eingeschlossen. Es geht nicht, daß ihr die Dinge nur in euch hört. Erst wenn ihr euer Existenzfeld aktiv in die Schwingung gebracht habt, dann lebt ihr wirklich.

Denkt daran, in eurer Bibel steht als Allererstes: Am Anfang war das Wort. Das ist zwar unglücklich formuliert, aber gemeint ist etwas Richtiges: Am Anfang ist der Wille, Schwingung zu erzeugen.

Ihr Lieben, ich kann euch nichts Wichtigeres sagen. I h r lebt euer Leben. Bitte bringt euer System so oft als möglich zum Schwingen. Alles, was ihr an Gedanken habt, hat eine andere Färbung, wenn ihr euch auf euren Ton einlaßt.

Alles, was ihr gedanklich oder was ihr im gesamten physischen Bereich als Umweltverschmutzung begreift, ist eine Disharmonie der Schwingung eurer Gedanken. Wenn ihr die Gedanken ä u ß e r t , wenn ihr sie in euren Ton führt und wenn ihr es darüber hinaus mit Liebe tut, wird sich eure gesamte Umgebung erholen, und ihr werdet auf diese Weise der Verschmutzung, wie ihr es nennt, entgegenwirken.

I h r seid die Schöpfer des Lebens. Jeder in jeder Sekunde, in der er in den physischen Zusammenhängen weilt. Macht es euch so schön wie möglich, so fröhlich wie möglich, so liebevoll wie möglich.

Und alles das ist möglich mit eurer Stimme.

Also, heute ist mein Sprüchlein zur Stimme etwas länger ausge-

fallen. Ich verspreche euch hiermit, daß ich euch nicht abzähle,[9] *damit ihr das wiederholt. Aber ich würde mich freuen, wenn ihr den Sinn dessen, was ich gesagt habe, in euch wachsen lassen könntet.*
Ja. Eigentlich habe ich mit dem, was ich euch eben gesagt habe, schon einen Teil des heutigen Themas angeschnitten.

Es geht um R E I N I G E N U N D O R D N E N.
Was bedeutet reinigen? Reinigen bedeutet, daß ihr alles, was euch daran hindert zu fühlen, aus eurem Leben entfernt. Habt ihr mich gehört? Alles, was euch daran hindert zu f ü h l e n, sollt ihr wegtun. Alles, was ihr der Funktion halber tut, stagniert euch, macht euch krank oder traurig, hindert euch.
Wenn ihr an eure Erziehungssysteme denkt, erzieht ihr euch nicht zum Ausdruck eurer Individualität, sondern ihr erzieht euch, ihr bildet euch, damit ihr einen guten Platz innerhalb der Gemeinschaft der Menschen einnehmen könnt. Und das Wichtigste habt ihr damit wegerzogen.
Es ist wichtig, meine Lieben, daß ihr das, was ihr tut, ob ihr abwascht oder schreibt oder den Garten umgrabt oder Auto fahrt, nicht im Gefühl der Funktion oder im Bewußtsein der Funktion tut, sondern daß ihr es liebt.
Wenn ihr es nämlich nicht liebt, kommt ihr nicht dahin, den Symbolcharakter eurer Handlung zu erkennen. Ihr seid aber hier, ihr Lieben, um ausschließlich das genau so zu erfahren, nämlich den Symbolcharakter aller, aller, aller eurer Situationen.
Ihr lauft nicht zufällig von rechts nach links über die Straße und trefft einen kleinen weißen Hund. Ihr trefft nicht zufällig Personen an bestimmten Orten. Ihr seht nicht zufällig Reklameschilder oder Farben oder was immer. Jede Sekunde eures Lebens ist eine Situation der Transformation.
Ihr könnt diese Transformation aber erst wirklich erleben, wenn

---

[9] manchmal zählt Seth mit einem Kinderspruch Personen ab, damit sie sprechen, weil sie sich von selbst nur schwer dazu entschließen können zu sprechen.

ihr den Symbolcharakter versteht. Ich hab' mehrere Male versucht, euch das mit dem Eis-Beispiel klarzumachen.
Ihr müßt euch identifizieren mit dem, was ihr tut. Aber gleichzeitig müßt ihr ein bißchen neben euch treten und verstehen: Warum tue ich das zu dieser Zeit? Und dann sprecht es aus mit eurer Stimme, wenn ihr den Zusammenhang verstanden habt.
Ich sage euch noch etwas: Ihr beschränkt euch. Das ist nötig. Aber ihr beschränkt euch in der ausschließlich verkehrten Weise. Der Mensch ist ein freies Wesen mit der Möglichkeit und dem Wunsch, jede Sekunde zu schöpfen. Damit dürft ihr bitte alle eure Gedanken, alle eure Gefühle nicht, nicht, nicht - hört ihr mich? - nicht beschränken! Tut i m m e r das Unmögliche. Es entspricht euch.
Ihr seid viel mächtiger, als ihr versteht. Erst n a c h dem Erleben kommt die Beschränkung. Und die Beschränkung besteht dann darin, daß ihr einen Rahmen um eine Situation baut und sagt: „Warum habe ich das zu diesem Moment so erlebt?" Das, ihr Lieben, darf bitte die einzige Beschränkung in eurem Leben sein.
Guckt euch an, wie viele Menschen eine Brille haben, oder guckt euch an, wie viele Menschen Behinderungen in ihrem Sehfeld haben. Wißt ihr, was das ist? Es ist die Beschränkung, die ihr erzieht, die ihr falsch verstanden habt. Ihr seid frei. Bitte verwendet eure Freiheit. Und dann erst beschränkt euch, indem ihr sagt: „Gut, ich war in der Situation. Welchen Symbolcharakter hatte diese Situation?"
Und ihr werdet alle eure Sehbeschränkungen aufheben. Ihr könnt dann nämlich lieben, weil ihr alle Energie, die ihr habt, in die Liebe der Situation gestellt habt. Und ich wiederhole so oft, bis es jeder Mensch verstanden hat: I h r w e r d e t n i e m a l s ü b e r f o r d e r t. Was immer euch begegnet, es ist zugeschnitten auf die Person, die es erlebt. Natürlich könnt ihr entscheiden, ob ihr eine Situation annehmt oder nicht. Aber ich gebe euch zu bedenken: I h r habt euer Muster gewählt. Und je eher ihr sagt: „O.k., ich gehe in diese mir gebaute Situation. Die Person, die mir dabei begegnet, ist die richtige zu diesem Zeitpunkt."

Je eher ihr euch entschließt, eben das für euch Hergestellte anzunehmen, je schneller singt ihr nur noch und versteht gar nicht, warum andere Leute trauern, klagen, böse sind, alles schrecklich finden, sich zurückziehen wollen. Ihr kennt diese Palette besser als ich.
Ihr verändert eure Lebensqualität, und zwar grundlegend, nicht indem ihr, wie ihr es tut, z.B. einen Sessel mehr habt oder eine bessere Heizung oder dies oder jenes. Ihr kehrt euch um. Ihr versteht, daß i h r die Schöpfer eurer Umgebung seid. Und ihr fühlt euch nicht mehr machtlos, versteht ihr mich?
Was also, noch einmal, ist reinigen? Räumt auf, räumt auf. Und verwendet viel Wasser. Immer, wenn ihr aufräumt und Wasser hinzutut, habt ihr fließen gemacht. Und wenn ihr es um euch herum tut, a u ß e n , entspricht das eurer i n n e r e n Situation.
Und ich bitte euch, wenn ihr Wasser verwendet, laßt die Zusätze der Seifen. So oft wie möglich. Es kommt nicht darauf an, daß etwas blinkelt oder blitzelt, sondern daß es fließt.
Und wenn ihr aufgeräumt habt, ihr Lieben, ordnet euch eine Ordnung, die euch leichtfällt, sie einzuhalten. Findet eure e i g e n e Ordnung. Laßt sie euch nicht von irgendwelchen anderen Menschen vorschreiben.
In dem Moment, in dem ihr zusammenlebt, müßt ihr miteinander besprechen, wie die leichteste Ordnung aussieht. Bitte haltet diese Ordnung dann ein. Die Dinge, die ihr ordnet, leben. Wenn ihr ihnen die Sicherheit ihres Ortes gebt, werden sie es euch danken. Ich rede nicht von Fixierungen. Ich rede von einer gegebenen Ordnung, mit der man lebt.
Und scheut euch nicht, alles, wozu ihr kein Gefühl habt, aus eurer Umgebung zu entfernen. Auch dann, wenn es besonders wertvoll ist. Dann gebt diesen Wert einer Person, die dazu ein Gefühl hat.
Ihr seid wunderbar. Ich kann es nicht oft genug sagen. Bitte nehmt an, daß ihr alle kräftige, wunderbare, einmalige Individuen seid. Und ehrt euch in dieser Qualität. Das könnt ihr nur, wenn ihr die Dinge aufgeräumt habt, die eure Energien fixieren.
Der Herbst ist die Zeit der Reife. Reife ist das, was angelegt war

und zur Frucht gekommen ist. Auch da gibt es Nüsse und taube Nüsse.

Wählt ihr bei euch aus, welche Anlagen ihr entschieden habt, zu tauben Nüssen werden zu lassen, und sortiert sie aus. Ihr ordnet, indem ihr aussortiert, den nächsten Ansatz. Ihr gebt praktisch die Samen, die sich aus der Frucht bilden, frei für das Nächste, für das nächste Frühjahr, für das nächste Wachsen.

Und ihr freut euch auch, wenn ihr eine kräftige Frucht erzeugt und nicht ein Mickermäuschen.

Und sozusagen in Klammern hinten dran: Was immer euch nach eurer Meinung nicht gelungen ist, beurteilt euch bitte nicht. Verwendet die Energie, die ihr habt, auf das, was ihr wachsen lassen möchtet, woraus euch Freude erwächst, und beachtet das, was euch nicht gelungen ist, nicht. Laßt es sein, wie es ist. Je mehr Energie ihr da reinsteckt, indem ihr euch tadelt, desto weniger Energie habt ihr für die Frucht, die ihr gerne haben möchtet. Beachtet es einfach gar nicht und sortiert es aus.

Ich glaube, das reicht oder? Gut.

Jetzt seid ihr an der Reihe. Ich freue mich darauf, daß ihr ganz viel Stimme verwenden werdet.

Seth-Abend 24. Oktober 1995:

CHAKREN

Ich wünsche euch allen hier einen guten Abend! (spricht wie ein lebloser Computer)

T: Dir gleichfalls.

T: Guten Abend.

Ich wollte euch mit einer anderen Stimme unterhalten, die mein Sprüchlein zu Anfang sagt (Lachen). *Gut. Aber ich denke, ich werde heute doch mein Sprüchlein selber sagen. Hiermit verspreche ich euch: in naher Zukunft zähle ich euch wieder aus. Und dann dürft ihr das sagen, was ihr möchtet.*

Also, ihr Lieben, im Prinzip ist es vollkommen egal, worüber wir reden.

Im Prinzip geht es darum, daß ihr in die Feier eures Lebens kommt. Daß ihr versteht: jede Sekunde, die ihr lebt, ist ein Grund zu feiern, sich in jubelnder Festtagsstimmung zu befinden.

Und weil ihr das so oft vergeßt, braucht ihr euer Wunderwerkzeug. Euer Wunderwerkzeug ist eure Stimme. Ihr wundert euch nämlich, wenn ihr sie hört, daß i h r das seid. Wundert euch bitte sehr oft über euch! Erinnert euch oder ja, erinnert euch an euch selbst oder daran, daß ihr Kinder beobachtet habt. Kleine, die noch nicht in der Lage sind, wirklich zu sprechen. Sie freuen sich am Klang ihrer Stimme. Sie sind genau da, wo ihr wieder hinkommen könnt.

Benutzt eure Stimme, euch e i n - zustimmen. Benutzt sie, um e u r e n Ton zu hören, um euch selbst vorzuführen, daß ihr ein wichtiger Ton seid im Konzert der Töne.

Legt euch hin, entspannt euch, macht es euch bequem, macht den Mund einfach auf und sagt „Ja" und laßt den Ton rauskommen. Und dann könnt ihr sehen oder fühlen, wo in eurem Körper dieser Ton nicht hindurchgeht. Da legt ihr eure Hand hin. Und streichelt den Teil des Körpers, daß er e i n - stimmen kann.
Was könnt ihr zu diesem Stimmkonzert heute tun? Ihr könnt euch vornehmen und es durchführen, daß ihr etwas sagt, daß ihr euch die Freiheit nehmt zu sein, daß ihr euch die Freude macht, eure eigene Stimme zu hören.
Und alle eure Zellen, ihr Lieben, ich kann es euch nicht oft genug sagen, fühlen sich zu Hause, fühlen sich angenommen, wenn sie die Frequenz eurer Stimme hören. Tut ihnen bitte den Gefallen, sich zu Hause zu fühlen! Wenn sie sich nämlich zu Hause fühlen, werdet ihr sehr fröhlich und könnt genießen und müßt nichts mehr l e i s t e n .
Und noch ein ganz wichtiger Aspekt: Wenn euch etwas einfällt, dann heißt das, wir haben gut gearbeitet.
Bitte macht euch die Freude, euch selbst zu überraschen durch das, was euch einfällt in diesem Moment. Und sagt es laut, denn irgendeiner eurer Nachbarn braucht dieses Stichwort. Und wenn ihr das nicht gebt, dann hat der Nachbar eine kleinere Chance einzustimmen.
Ich weiß schon, manchmal gibt es Herzklopfen bis ganz oben, fast in den Mund und ihr denkt: und jetzt soll ich was sagen? Ihr Lieben, wenn ihr euch dann überwindet, habt ihr das Wichtigste getan, was ihr an diesem Abend tun könnt, für euch und damit für alle.
Die Menschen unter euch, die mich kennen, wissen, daß ich, wenn ihr nicht redet, versuche, mit euch zu spielen. Wir machen dann Muh oder Mäh. Oder manchmal drohe ich schrecklich, so lange, bis einer sagt: „Ich habe aber überhaupt keine Lust, was zu sagen." Und dann haben wir gewonnen, nicht? Dann hat er nämlich hinterrücks doch gesprochen und kann über sich selber lachen. Da wollen wir hin!
Gut. Kurz gesagt: Bitte redet, lacht, summt, und dann zu dem Zeit-

punkt, in dem es euch einfällt. Und wenn ihr damit schrecklich stört, dann freut euch. (Lachen) *Ich sage immer wieder: bitte benehmt euch unanständig.* (lautes Lachen) *Bitte benehmt euch unerzogen. Ja. Gut.*

Also, das war mein Vorsprüchlein. Gut. Und jetzt komme ich zu etwas, was ihr alle kennt. Ich freue mich schon auf eure Fragen.

Wir sprechen heute über C H A K R E N .
Spreche jetzt ich, oder sprecht jetzt ihr? (Pause) *Wir machen es so: Wir sprechen zusammen. Ich sage jetzt, ich zähle bis zehn. Und Nummer zehn redet zuerst. Gut? Ich fange an: eins, zwei, drei, vier, fünf, sechs, sieben, acht, neun - na, hast du schon Herzklopfen? - zehn.* (Lachen)

T: Ich? Du. (lautes Lachen)

T: Du.

T(alle): Duuu. (Lachen)

Der erste Erfolg. Also, wer redet jetzt? Rede mal oder sage das, was du über Chakren weißt.

Kannst du so laut sprechen, daß dich jeder hört?

T: Also, ich glaube, es gibt sieben Chakren. Es beginnt mit dem Wurzelchakra. Dann kommt irgendwie so eins im Bauchraum. Dann in Nabelhöhe, dann der Solarplexus, dann Brusthöhe, dann das Halschakra, das Stirnchakra und das Kopfchakra. Habe ich jetzt acht? (Lachen)

Du hast acht gezählt. Gut.

T: Da war irgendwo eins zuviel.

Nein.

T: Sind das acht?

Nein. (Lachen) *Also, ihr lehrt mit Recht, es gibt sieben, die sozusagen in der Hauptverantwortung stehen. Aber ich sage euch, es gibt so viele, wie ihr Zellen habt.*

Gut, und nun kann ich nicht mehr zählen.

Also, was sind denn Chakren? Chakren sind Schwingungspunkte, die zuständig sind dafür, kosmische Energie aufzunehmen und weiterzuleiten. Es sind also, sagen wir mal, Telefonzentralen mit ganz vielen Anschlüssen. Verkabelte Teilnehmer. Es sind also Schwingungspunkte.

Ihr habt recht, wenn ihr sagt, es gibt bis jetzt sieben, von denen ihr sozusagen meint, das sind die Hauptämter. Sie sind, wie die Ämter in eurer Gesellschaft bestimmten Bezirken zugeordnet. Und da gibt es eben die sieben verschiedenen Farben, die sieben grundsätzlichen Töne, die sieben Leiterstufen, die euch anbinden an alles, was mit eurer Mutter Erde zusammenhängt, und alles, was mit eurem Vater Himmel zusammenhängt. Und alles, was mit euch persönlich als der grundsätzlichen Schwingungseinheit, als der grundsätzlichen Vibrationseinheit, zusammenhängt.

Es ist nämlich so, daß alle Chakren der einzelnen Individuen zwar vergleichbar sind, also daß die Chakren, sagen wir z.B. die Wurzelchakren, bei der einen und der anderen Person grundsätzlich das gleiche arbeiten, aber es ist so, daß sie total verschieden arbeiten, daß sie nämlich eurem Grundton angepaßt sind.

Wenn ihr also sagt, ihr arbeitet mit einem bestimmten Ton für ein bestimmtes Chakra oder mit einer bestimmten Farbe für ein bestimmtes Chakra, dann ist das richtig, aber es ist gleichzeitig auch nicht besonders richtig.

Rot z.B. ist eine Breite, eine Frequenzbreite. Und wenn jemand - sagen wir, diese Skala hat in unserem Beispiel jetzt zehn Einteilungen - wenn also jemand auf die Skala eins gestimmt ist oder den Punkt eins dieser Skala, dann kann er nicht besonders viel anfangen, wenn ihm ein Rot angeboten wird, was den Punkt z.B. acht oder neun hat.

Das heißt also, wenn ihr mit Chakren arbeitet, jeder für sich selbst, dann bitte ich euch nachdrücklich, wartet auf d i e Farbe, die e u c h erscheint. Sie entspricht einem bestimmten Punkt auf unserer Beispielskala. Und wenn ihr diese Farbe bekommen habt, dann laßt sie etwa zwei Minuten vor eurem Auge sein, auch wenn sie zunächst schwierig dahinkommt. Ihr müßt das ein bißchen üben, so wie ihr Laufen lernen mußtet usw. Und dann behaltet diesen Ton, diesen Farbton, so lange bei, bis ein anderer kommt.

Das gilt für alle Chakren und alle Töne. Und sollte euch, wenn ihr z.B. meint, ihr würdet jetzt mit dem zweiten Chakra arbeiten und habt gelernt, da muß Orange kommen, kein Orange kommen, dann heißt das, es ist nicht die Farbe Orange, die euch fehlt in diesem Chakra, sondern es ist die, die euch erscheint. Und wenn es Lila ist. Versteht ihr? Macht euch bitte grundsätzlich klar: Welche Farbe steht für welches Chakra. Das ist sozusagen eine Information, die ihr euch gebt, um euch zu beruhigen, daß ihr nichts Falsches tut. Das tut ihr sowieso nicht, aber das glaubt ihr euch ja nie. (Lachen)

Auf der Grundlage dieser Information fangt ihr an, euch auf eure Chakrapunkte zu konzentrieren. So, wie ihr das möchtet. Konzentriert euch entweder mit einem Ton oder mit einer Farbe oder mit einer Wärmevorstellung, oder wie immer ihr das wollt. Und dann, ihr Lieben, dann akzeptiert ihr bitte das, was bei euch erscheint. Das nämlich ist die Frequenz eures Heilens oder die Farbe, die euch eure Chakren balanciert.

Und wenn ihr, sagen wir jetzt, diesen Ton Lila bekommt, da, wo er gar nicht hingehört, dann nehmt ihr diesen Ton und laßt ihn in der gesamten Fläche für den Punkt des Chakras oder den, der für diese Telefonzentrale, wie wir oben gesagt haben, zuständig ist, wandern. Sagen wir also, um ein Beispiel zu machen, ihr habt euch jetzt konzentriert auf euer Wurzelchakra. Und jetzt habt ihr gelernt, es soll rot sein. Gut, nehmen wir an, es wird ein Rot. Dann führt ihr die Farbe, die euch gekommen ist, in alle Teile, die vom Wurzelchakra nach unten führen, die also den Bereich des Wurzelchakras betreffen. Ihr füllt den Bereich des Körpers mit dieser Farbe auf. Und laßt sie ruhig da. Der Körper wird diese Farbe oder die Intensität dieser Farbe aufgeben, wenn er genug getankt hat.

Sollte nun in diesem gleichen Wurzelchakra Grün auftauchen, dann nehmt ihr das Grün und führt es über die Region, die zuständig ist für das Wurzelchakra.

Ihr Lieben, bitte paßt auf, daß ihr spielt, und daß ihr das nicht im Sinne der Leistung tut. Fühlt in euch hinein, wie Spielen aussieht. Ihr macht sowieso alles richtig. Nur wenn ihr anfangt, es ordentlich und besonders richtig machen zu wollen, dann sagen alle Zellen 'Hilfe' und lassen das nicht zu, worum es eigentlich geht.

Ich bitte euch, spielt mehr. Mit euch und allem, was innen in euch selbst zum Spielen angeboten wird.

Und nun sage ich euch noch etwas: Wir sind dabei, allen Menschen, die sich um das Bewußtsein ihrer Chakren kümmern, zu helfen. Ich bitte euch: fragt dazu eure jeweiligen Geistführer für eine gewisse Zeit. Sie werden euch die optimale Zeit der persönlichen Arbeit für die jeweilige Person mitteilen.

Setzen wir also als Beispiel: Bitte meditiert drei Wochen lang, wenn möglich täglich, mit euren Chakren. Dann nämlich haben wir die Erlaubnis, eure Chakren zu balancieren. Wir haben die Erlaubnis, sie in eine untereinander vergleichbare Geschwindigkeit zu drehen. Das hat für euch eine große Bedeutung: Erstens wird euer Körper gesünder und kräftiger reagieren, zum anderen werdet ihr das Gefühl haben, viel leichter und durchlässiger zu sein. Wenn ihr eine Veränderung an euch bemerkt, dann braucht ihr also nicht zu glauben, daß ihr schwächer seid. Ihr seid dann nicht schwächer, sondern stärker. Ihr habt ungefähr die Stärke der Libellenflügel. Versteht ihr, was ich meine? Ihr seid durchsichtig, konstant, kräftig. Und ihr seid in der Lage, der Funktion eher zu dienen, ohne in das Funktionieren zu fallen.

Und das Allerwichtigste, was ich euch dann in diesem Zusammen-

hang zu sagen habe, ist: Wenn eure Chakren egalisiert und balanciert sind, seid ihr in der Lage, größere Mengen kosmischer Information aufzunehmen.

Das hat wahrscheinlich eine kleine Schwierigkeit. Ich will sie ansprechen. Ihr wißt, wie man Weisheit erfährt. Irgendwann habt ihr einen Gedanken, und dann macht es in euch: „ach ja“, oder es macht eine Art Echo, und ihr wißt sicher, was ihr wißt.

Aber dann kommt euer Verstand, und der sagt: „Aber mein Nachbar hat gesagt, das gibt es nicht.“ So, und nun steht ihr wieder in der Zwickmühle des Zweifels: Wer hat denn nun recht, mein Nachbar oder meine Nachbarin oder mein Instrument, mein Körper?

Ich bitte euch, vertraut e u r e m Körper. Er darf und kann nicht lügen. Das, was ihr lernen könnt auf jeder Ebene des Lebens, könnt ihr nur mit Hilfe eures wunderbaren Werkzeuges Körper lernen. Er wird euch niemals belügen. Wenn der Körper Hunger hat, dann wird er nicht lügen und sagen: „Ich habe keinen.“ Das ist euch einsehbar.

Wenn euch also euer Verstand wieder an die Leine nimmt, dann schneidet diese Leine durch und sagt eurem Verstand: „Mein Lieber, ich danke dir für deine Existenz, aber nun halt mal die Klappe. Und wenn ich gerne was von dir wissen möchte, dann sage ich: hoppla, jetzt.“ Ihr könnt ihn schon erziehen, wenn ihr möchtet.

Ich sage euch, wir sind sehr nahe an dem Zeitpunkt, an dem ihr präpariert sein solltet. Eure persönliche Arbeit mit dem Verstand entspricht der Geschichte der Bibel, der der Jungfrauen, die vorher das Öl auf die Lampe gegossen haben, um sie rechtzeitig anzünden zu können, bevor der Bräutigam kommt. Und von den Jungfrauen, die vergessen haben oder die das nicht so recht für voll genommen haben: Bitte präpariert euch, indem ihr an euer angestammtes Recht[10] *glaubt.*

Euer Körper ist euer lieber, vertrauter Freund. Laßt ihn zu Worte

---

[10] An eure angestammten Fähigkeiten.

kommen. Folgt den Impulsen, die er euch gibt. Ich kann das nicht oft genug sagen. Und alles, was der Verstand anzweifelt, ist dann in dieser Form nicht mehr wirklich zu realisieren, wie es möglich gewesen wäre, wenn ihr dem Verstand die Schranken gewiesen hättet.

Noch einmal für Zweifler: Ich sage nicht, der Verstand ist überflüssig. Ganz im Gegenteil. Ihr braucht ihn. Und ihr habt ihn als Geschenk empfangen. Aber wer eine zu große Klappe hat, muß sie gestopft bekommen. Helft euch bitte selbst. Niemand als jeder Mensch für sich kann in sein Zentrum kommen.

Also, ich bitte euch, fragt eure Schutzengel, wie lange ihr eine Chakrameditation mindestens machen solltet, damit wir euch balancieren können, und damit ihr die kosmische Wahrheit, die in jedem von euch ist, 100 Prozent wieder erfahren könnt, euch bewußt machen könnt.

Wißt ihr, das Ergebnis ist Heiterkeit, das Gefühl des Zusammengehörens, die Sicherheit, teilen zu können, ohne das Gefühl, zu kurz zu kommen, und ohne das Gefühl, aufzupassen, ob man auch genug bekommt. Ihr hättet dann höchstens das Gefühl, nicht genug abgeben zu dürfen. Und ihr wißt: Wenn man geben kann, ist man sehr, sehr zufrieden. Man hat das Gefühl des unendlichen Reichtums, der unendlichen Verbundenheit.

Wißt ihr, ich wünsche mir, daß ihr euch wieder daran erinnert, an dieses Gefühl des: Ja, es kann mir niemals etwas geschehen. Ich habe immer von allem genug. So viel, daß ich jedem, der danach fragt, so viel geben kann, wie er braucht.

Dann, ihr Lieben, haben wir diese nächste Kurve erreicht, und ihr seid nicht mehr gezwungen, euch ständig verteidigen zu müssen.

Wir wünschen uns, daß ihr euch das glaubt. Und wir bitten euch inständig, daß ihr uns helft, euch helfen zu dürfen.

Es geht darum, daß jeder von euch wieder in seine angestammte Autorität wächst, daß ihr wieder versteht: niemand ist geringer als der andere. Er ist nur anders. Daß ihr wieder versteht, ihr gehört alle zusammen zu einem Bewußtsein, als verschiedene Aspekte, verschiedene Erprobungsfelder. Und wenn ihr spürt, daß ihr nicht

alleine seid, dann seid ihr voller Freude.
Gut, ich glaube, ich habe euch genügend Hausarbeit gegeben, oder? Wer möchte mehr? In Ordnung.
Also, ihr Lieben, morgen früh, vor dem Aufstehen, macht ihr euch einen Plan und sagt euch genau: „Wann habe ich zwanzig Minuten Zeit, um diese Chakra-Übung zu machen?" Macht euch einen sichtbaren Plan, an dem ihr abstreicht: Jetzt habe ich es geschafft. Und jetzt, und jetzt, und jetzt. Versteht ihr? Macht euch sichtbar, was ihr alles könnt. Und feiert zusammen das, was ihr gekonnt habt.
Gut. Jetzt bin ich sozusagen gewissermaßen halb ruhig. Ich wäre auch gerne ganz ruhig, aber damit seid ihr nicht einverstanden. Gut.

Seth-Abend 31. Oktober 1995:

WESENHEITEN

Guten Abend, meine Lieben.

T: Guten Abend, Seth.

Wir sind doch ein stabiler Kreis. Wenn ich mich so umsehe, sehe ich viele vertraute Gesichter. Das finde ich wunderbar. Inzwischen können wir also miteinander sprechen, wie wenn wir uns direkt sichtbar gegenübersäßen. Das ist ein großer Erfolg. Wißt ihr, es ist der Erfolg, daß ihr euch anerkannt habt als Wesen, die vergleichbar sind mit uns. Das heißt, ihr habt die Hierarchie und die Autorität zwischen euch und uns abgebaut. Dazu möchte ich euch gratulieren.
Ja, und der Kreis wird hoffentlich noch weiter, weiter wachsen, mit so vielen Menschen wie möglich. Wir brauchen stabile, selbstbewußte Menschen, selbstbewußte Wesen, die sich nicht aus der Bahn werfen lassen und die wissen, wenn ihre Muster ihnen Trauer oder Leid verursachen, daß es ihre Muster sind, ausschließlich, und wissen, wenn sie alleine damit nicht fertig werden, wieder in die Heiterkeit und die Fröhlichkeit zu kommen, mit wem sie über die Dinge sprechen oder mit wem sie die Dinge leben. Das, noch einmal, ist unser Ziel.
Wenn ihr eure Muster transformiert habt, das ist ein so schweres Wort, wenn ihr also wißt, wann eure Muster für euch auftauchen, und ihr in der Lage seid, zu sagen: „Guten Tag“, ihr kennt das, „Guten Tag, guten Tag, guten Tag“, dann werden wir Reigen tanzen. Ihr könnt das auch alleine, euren eigenen Reigen bilden. Aber noch einmal: Die Zeiten, in die wir gehen werden, ihr Lieben, erfordern Persönlichkeiten, die wissen, wer sie sind. Und ihr habt es

zu einem großen Teil schon gelernt. Bitte schreitet voran auf diesem Weg.

Das war ein Sprüchlein, was normalerweise nicht am Anfang steht. Aber ich werde natürlich auf mein Anfangssprüchlein überhaupt nicht verzichten.

Und ihr wißt, warum. Ich habe es euch jetzt fast alle Male, in denen wir uns getroffen haben, gesagt und habe mich bemüht, euren Spaß zu erregen, eure Freude zu erregen, indem ich euch immer wieder von einem anderen Standpunkt aus verständlich gemacht habe oder versucht habe, es euch zu erklären, wie wichtig es ist, liebe Freunde, daß ihr euch ausdrückt.

Man kann erst in der Aktivität, im realen Geschehen selbst, erleben, wie Muster wirken. Und man kann erst mittels der Stimme wieder in seine eigene Balance finden. Wenn ihr nicht sprecht, wenn ihr nicht singt, wenn ihr nicht tönt, seid ihr nicht in Balance. Habt ihr mich gehört? Ihr seid nicht in Balance, wenn ihr dem natürlichen Bedürfnis, die Stimme zu benutzen, nicht nachgebt.

Wenn ihr das Gefühl habt: „Ich habe nichts zu sagen. Und wieso meine Stimme? Und überhaupt, und jetzt bin ich müde," und ich weiß nicht, wie all die Entschuldigungen aussehen, die ihr für euch benutzt, seid sicher, ihr seid nicht in Balance. Ein gesundes Wesen möchte jubilieren. Nun, nicht 24 Stunden lang, aber sechs bestimmt. Wenn ihr dieses „Möchte" in Erklärungen umformt, dann guckt mal nach, woran es hängt.

Also, der Zweck meines Sprüchleins besteht darin, euch zu ermuntern, eure Möglichkeit zu finden, einen Ton, und eben einen längeren oder mehrere von euch zu geben, die Schwingung eurer Stimme für euren Körper anzuregen. Für alle, immer wieder:

Eure Zellen sind Einzelbewußtsein. Jedes für sich ist ungefähr so wie ihr, ein Ganzes mit einem eigenen Bewußtsein, und so verloren wie ihr, wenn ihr nicht bestimmte energetische Linien verfolgt, wahrnehmt, euch bewußt macht. Und die Möglichkeit für eure Zellen, sich zu Hause zu fühlen, besteht darin, daß sie eure Stimme hören. Sich für sich selbst zu Hause zu fühlen und sich zu vergewissern, daß der Nachbar daneben sich in gleicher Weise verhält.

Es gibt den Reigen, den Tanz unter allen Zellen, wenn sie eure Stimme hören, den ihr tanzt bei bestimmten Festen, und ihr fühlt euch hinterher zusammengehörig, aufgenommen, unkontrolliert, einfach im Sein.
Bitte macht euch die Freude, daß ihr irgendeinen Ton von euch gebt, der die anderen erreicht. Er erreicht sie bestimmt, denn diese Kreise, wie sie hier zusammenkommen, sind, das muß ich euch nicht sagen, aber ich möchte euch daran erinnern, für jedes Mal in besonderer Weise zusammengestellt. Die ihr hier seid, bildet eine Schwingungseinheit. Und ihr wißt, ein Klavier tönt besonders schön, wenn man alle oder viele Töne anschlägt. Erst dann entsteht das Zuhausesein. Übt bitte mittels eurer Stimme das Zuhausesein in einem Kreis, wie er z.B. heute abend stattfindet.
Ihr könnt mit den Tönen zerstören und schaffen, Welten zerstören und Welten schaffen. Hört euch und lernt, wann ihr in Harmonie kommt, wie lange ihr einen Ton aushalten solltet, wie hoch oder wie tief er sein soll usw. Ihr könnt ja in irgendeinem geschützten Raum eurer Wohnungen beginnen. Aber bitte tut es. Ihr werdet stärker und sicherer. Einige von euch haben diese wunderbare Erfahrung in der Zeit, in der wir miteinander arbeiten, machen dürfen. Gut.

Das eigentliche Thema des heutigen Abends ist der Zusammenhang, der sich ergibt, in dem Begriff W E S E N U N D W E S E N H E I T.
Wenn ihr davon ausgeht, daß ihr eure Sprache durchleuchtet, habt ihr in vielen Begriffen das Wort Wesen. Wir können ja mal sehen, was euch einfällt und damit Stimme spielen.

T: Wesentlich.

Ja.

T: Gemeinwesen.

Schön. Gemeinwesen. Was war da?

T: Anwesend.

Schön.

T: Verwesen.

Schön.

T: Abwesend.

Ja.

T: Wesentlich.

Ja.

T: Gewesen.

Ja. Wir können auch aufhören. Wollt ihr noch gerne weitere Wesen finden?

T: Ja.

Gut. Worauf bezog sich das „Ja“?

T: Geistwesen.

Schön. Was bedeutet, eurem Gefühl nach, der Begriff 'Wesen'?

T: So etwas wie 'Kern'.

Ja.

T: Für mich 'Essenz'.

Ja.

T: Identität.

Ja.

T: Etwas Lebendiges.

Ja.

T: Ursprüngliches.

Ja.

T: Sein.

Ja.

T: Mitte.

Bitte?

T: Mitte, Zentrum.

Ja.

T: Etwas, was ist.

Ja.

T: Was sich bewußt ist, daß es ist.

Ja. (Lachen) *Ihr seid wunderbar.*

T: So was wie eine einmalige Schwingung.

Ja. Gut, die meisten eurer Aussagen bezogen sich auf eine Mitte, auf das Bewußtsein zu sein - in einer Mitte.
Wenn ich jetzt den Begriff 'Wesenheit' nehme, dann habe ich ausgesagt: es gibt eine seiende Mitte in einem bestimmten Raum zu einer bestimmten Zeit.
Das heißt, ich habe ein Schwingungsfeld benannt. Wesenheiten sind also Identitäten, die diese Dinge aufweisen, die ich euch eben benannt habe. Es ist dabei unwesentlich, in welcher Dimension das passiert.
Das, was geschaffen ist, i s t und hat einen Kern, eine Mitte, eine Ausdehnung, einen Raum.
Also alles, was ihr denkt, mündet in Wesenheiten. Alle Gestalten, die ihr schafft mit euren Gedanken, sind Wesenheiten. Sie leben. Und in dem Moment, in dem ihr ihnen eine bestimmte Menge Energie verleiht, fangen sie an, selbständig zu leben.
Ihr also als die vorhandene reale Wesenheit seid der Brunnen, der Springbrunnen, aus dem unendlich viele Wesenheiten wachsen.
Ihr müßt bitte vorsichtig sein mit dem, was ihr schafft. Ich weiß, ich habe euch gesagt: „Keine Vorsicht, keine Rücksicht, keine Hektik, keine Panik." Das stimmt. In dem Moment, in dem ihr in die Bewältigung eurer Situationen geht, geht spontan in die Situationen, die euch bereitet sind. Da denkt ihr nämlich nicht. Aber wenn ihr anfangt zu denken - und ihr beginnt zu denken, wenn ihr aufwacht, und hört auf mit dem Denken, wenn ihr einschlaft - dann nehmt eine andere Form des Denkens und Schaffens an.
Ihr Lieben, von morgens bis abends denkt ihr. Und immer, wenn ihr denkt, schafft ihr eine Form. Alle Formen, die ihr schafft, haben die Tendenz, auf die reale Welt, auf die physische Welt, in eure Dimension zu gelangen. Ihr seid also praktisch verantwortlich für die Dinge, die ihr erschafft. Ich bitte euch, wenn es euch möglich ist, beginnt eure Sprache wahrzunehmen. Beginnt wahrzunehmen, welche Begriffe ihr verwendet. Die Begriffe, die ihr

verwendet, sind Träger von Energien. Und die Grundenergie, die Mitte, das Wesen, was ihr euren Erschaffungen gebt, sind die Zentren, die die gleiche Energie anziehen, in der Hoffnung, in der Kulmination der Energie leben zu können, also in eure physische Welt zu gelangen, zu sein.

Wenn ihr also zum Beispiel denkt: „Rose und Duft und Blühen", werden die Eigenschaften Blume, Blühen, Duft angezogen und formen eine größere Einheit und warten auf den Moment der Geburt.

Wenn ihr denkt: „Monster, Erschießen usw.", formt ihr Wesenheiten, die so leben oder die mit dieser Energie leben, mit der ihr sie geschaffen habt.

Ich bitte euch also, beginnt, wenn es euch möglich ist, auf eure Wörter zu achten, auf eure Schöpfungen zu achten. Ihr selbst schafft euch eine Atmosphäre, ihr selbst schafft euch Wesen um euch, die euch beginnen zu beeinflussen.

Alle Menschen, oder sagen wir: quasi alle Menschen, haben karmische Inhalte aus ihren vergangenen Inkarnationen zu bewältigen. Da gibt es sicher solche Erschaffungen, die jetzt Schwierigkeiten machen. Wenn ihr nun in bestimmter Atmosphäre steckenbleibt, vermehrt ihr die Wesenheiten, die euch das Leben schwer machen. Es ist nicht so, daß sie eine endgültige Macht über euch haben, aber sie haben die Macht, euch zu beeinflussen, und zwar atmosphärisch. Wenn ihr also traurige Gesichter um euch sehen würdet, dann würdet ihr ganz schnell das Gefühl haben: „Jaja, es lohnt sich nur, traurig zu sein." Und wenn ihr fröhliche Gesichter um euch sehen würdet, dann würdet ihr vielleicht nicht sofort, aber doch endgültig den Wunsch haben, mit dieser Fröhlichkeit zu schwingen.

Warum sage ich euch das? Aus demselben Grund, aus dem ich heute den Beginn gestaltet habe. Es dauert nicht mehr allzu lange, meine Lieben, daß ihr euch eurer sicher sein müßt. Daß ihr in Frieden und Vertrauen mit euch klarkommt. Und wenn ihr ein Heer von Merkwürdigkeiten um euch herum geschaffen habt, fällt es euch schwerer. Es gibt immer einen Weg, auch durch Merk-

würdigkeiten hindurchzufinden. Aber wenn ihr doch den sonnigeren, freundlicheren, liebevolleren Weg gehen könnt, dann wäre es ja dumm, wenn man den anderen wählt.
Die Wesenheiten - und das ist jetzt ein neuer Aspekt - die ihr schafft, haben Zugang auch zu anderen Dimensionen. Das heißt also, ihr habt die Möglichkeit, auf andere Dimensionen Einfluß zu nehmen. Es gibt Kontrollmechanismen, die bestimmte Energien nicht einlassen. Aber wenn sie sich häufen, dann gibt es unklarere Situationen und größere Spannungen.
Eure Unklarheiten oder euer unbewußtes Umgehen mit euch selbst schafft also nicht nur für euch Schwierigkeiten, sondern auch für eure Umwelt. Und darüber hinaus schafft es auch Schwierigkeiten in anderen Dimensionen.
Gut. Ihr versteht, wenn ich mir diese Bemerkung so erlauben darf, unter Wesenheiten eigentlich die Energien, die zu irgendeiner Zeit eine Eigenständigkeit erreicht haben, die der euren vergleichbar ist. Das ist richtig. Auch solche Wesenheiten gibt es. Und auch solche Wesenheiten unterliegen den gleichen Anziehungen und Abstoßungen wie die, von denen ich eben gesprochen habe. Ihr, mit dem Erschaffen der Atmosphäre, tragt also auch dazu bei, daß die Wesenheiten, die so wie ihr oder vergleichbar zu euch existieren, in weitere Entwicklungen kommen dürfen.
Ihr wißt, daß man in allen Dimensionen bestimmte Entwicklungen durchlaufen muß. Das „Muß" sollte eine Freude sein, und es ist es in sehr vielen Fällen auch. Was ich euch sagen wollte, ist nur: Ihr hier, ihr empfindet euch als kleine, unwesentliche Pünktchen. Aber ihr seid so mächtig, daß das, was ihr fühlt und was ihr denkt, in allen Dimensionen des Kosmos nachwirkt und den Boden bereitet für die Entwicklungsmöglichkeiten eurer nichtgleichen Brüder und Schwestern.
Je klarer ihr eure eigene Wesenheit erkennt, desto klarere, eindeutigere Hilfe werdet ihr aus vielen - ich will nicht sagen aus allen, weil es nicht immer stimmt, sondern nur meistens - werdet ihr also aus vielen Dimensionen bekommen.
Wer immer mit euch in Kontakt tritt - und jetzt spreche ich von

zusammenhängenden, geschlossenen Wesenheiten - wer immer mit euch in Kontakt tritt, kann euch nicht schaden, wenn ihr selbst anfangt, mit euch im Wert umzugehen, wenn ihr darauf achtet, daß das, was zu euch gehört, der Verehrung und dem Wert entspricht. Auch dann, wenn ihr das nicht immer schafft, euch so zu verhalten, können euch diese von euch geschaffenen Wesenheiten nichts wirklich antun.

Ich sage euch immer wieder: Alle Energien, die zu euch kommen, müssen das Tor eures Schutzengels passieren. Er wird - oder sie werden keine Energien an euch heranlassen, die euch nicht weiterhelfen. Der Sinn des Kosmos ist Wachstum und Liebe. Nur manchmal muß man einen Umweg gehen, um bestimmte Dinge zu verstehen.

Also, was wollte ich damit sagen: Alle Wesenheiten aus allen Dimensionen, die mit euch in Kontakt treten, entsprechen eurer eigenen Qualität. Je klarer und bewußter ihr mit euch umgeht, desto klarere und bewußtere Energien werdet ihr anziehen. Und das brauche ich euch nicht weiter zu erklären.

Wie geht ihr um mit Personen, deren Sprache oder Denkweise nicht eurem Wunsch entsprechen, die also - sagen wir mal, „verschmutzte" Wesenheiten schaffen. Nennen wir sie einfach Wesenheiten, die krank sind. Ihr sagt ihnen das. Und sagt es ihnen als Brüder und Schwestern, nicht als die, die etwas besser wissen. Ihr könnt sie darum bitten, vielleicht könnt ihr euch kleine Beispiele und Geschichten überlegen, die andere Menschen erfreuen und auch euch erfreuen, in denen ihr sie bittet, bewußt mit der eigenen Schöpferkraft umzugehen. Wenn ihr aus Liebe handelt, wenn ihr aus dem Gefühl der Verbundenheit handelt, werdet ihr euer Ziel erreichen. Wenn ihr aus der Überlegenheit oder aus dem Besserwissen handelt, werdet ihr die Energien, die ihr gerne umgelenkt haben wolltet oder überhaupt nicht erst entstehen lassen wolltet, verstärken. Alles, was ihr in Liebe und Respekt tut - denn der andere ist ein Aspekt wie ihr - alles das, was ihr auf der Ebene der Brüderlichkeit tut, wird Erfolg haben. Wenn man lange genug warten kann, daß der andere glaubt, was man meint, werdet ihr

euch wundern. Wenn ihr lange genug glaubt, daß der andere in der Lage ist zu verstehen, was ihr meint, werdet ihr euch wundern, wie viel ihr geschenkt bekommt von diesem anderen. Aber hütet euch, es sofort haben zu wollen.
Eine der großen Krankheiten eurer Zivilisation besteht in dem Begriff „sofort“. Es gibt kein „sofort“, aber es gibt Spontaneität, die man mit Liebe kombinieren kann. Liebe bedeutet Liebe zum Leben und nicht zur Illusion.
So, ich glaube, ich habe euch das Grundsätzliche gesagt, und freue mich nun, wenn ihr sprecht. Mir ist es auch recht, wenn ihr untereinander sprecht. Ich antworte gerne, aber ich höre auch gerne zu.
Gut, jetzt Vorhang auf für alle Akteure.

Seth-Abend 7. November 1995:

AUTORITÄT

Guten Abend, meine lieben Freunde.

T: Guten Abend, Seth.

Ja, ja, das Jahr geht zu Ende. Ja, ja, meine lieben Freunde werden müde. Nehmt das einfach zur Kenntnis. Müde sein heißt, man hat seine Arbeit getan. Und wenn ihr euch umdreht - ich meine nicht unbedingt physisch, das könnt ihr natürlich auch - dann könnt ihr sehen, daß ihr dieses Jahr viel, viel, viel geschafft oder auch erlebt habt oder auch umgekehrt.
So, bevor wir uns nun aber in die allgemeine herbstliche Trübsinnigkeit verlieren, möchte ich doch nicht verzichten, wie immer, damit ihr und wir uns wieder in unseren alten Fahrwassern wohl fühlen, an mein Sprüchlein zu erinnern.
Meine Lieben, könnt ihr es eigentlich schon singen? Habt ihr es schon so nah bei euch, daß es euch morgens als erstes einfällt und möglicherweise abends als letztes.
Benutzt eure Stimme, jawohl, auf jede Weise. Benutzt eure Stimme (laut). *Es stimmt viel mehr. Ihr werdet viel, viel lockerer und freier. Ja, das wäre doch ein gutes Ergebnis.*
Ihr Lieben, vergeßt nicht, ihr habt eure Stimme, um mit ihr Welten zu schaffen. Besprecht, besummt eure Welten. Schafft sie, indem ihr ihnen eine Existenz, die Existenz des Tones verleiht. Jeder Gedanke, den ihr habt, ist eine Form. Und wenn ihr diesen Gedanken aussprecht, dann habt ihr eine wunderbare Form geschaffen, die noch lebendiger ist als eure Gedanken.
Wir haben das letzte Mal darüber gesprochen, wie Wesenheiten entstehen..
Ihr Lieben. Ihr schafft mit eurer Stimme Wohlbefinden oder Angst

oder Trauer oder was immer ihr wollt. Am liebsten hätte ich natürlich Wohlbefinden. Ich denke, ihr auch.

Ja, vergeßt nicht, daß ihr eine Schwingungseinheit seid, daß alle eure Zellen sozusagen wie auf einem Code oder wie bei einem Codewort auf eure Stimme reagieren.

Sie reagieren so wie Kinder, die von weitem die Stimme ihrer Mutter hören. Sie können dann noch spielen oder sich entfernt vom Haus aufhalten, aber sie haben eine Verbindung, eine sichere Tonbrücke. Und ihr wißt, ich sage euch das immer wieder, ihr stellt unter euch, wenn ihr eure Stimme benutzt, ein Netz her, auf dem jeder sozusagen gehen kann. Wenn der eine gesprochen hat, wagt sich der andere auch.

Macht euch bitte untereinander die Freude, daß ihr euch annehmt mit eurer Stimme. Es ist vollkommen unwichtig, was ich euch erzähle, obwohl ihr ganz anderer Meinung seid.

Das Wichtigste, was ihr tun könnt, ist, daß ihr euch eurer selbst bewußt werdet, daß ihr versteht: ihr dürft alles sagen. Ihr sollt sogar vieles sagen und euch einstimmen in den Chor, in die Symphonie, die das Leben ausmacht.

Also, jetzt zähle ich bis drei, und jeder überlegt sich, ich frag' nicht ab, also jeder überlegt sich, was er denn heute für einen Ton machen will oder was er fragen möchte oder so. Also ich zähl' ganz langsam.

Gut, jetzt habt ihr ein bißchen länger Zeit zu überlegen: eins...zwei...drei.

Weiß jeder, was er dem ganzen Konzert für einen Ton beifügen möchte? Gut, das sehen wir dann nachher.

Ihr Lieben, habt ihr eigentlich das von der Stimme schon mal weitergegeben? An eure Nachbarn, an eure Freunde oder an irgendwen. Ermuntert eure Mitmenschen zu sprechen. Ihr könnt euch überlegen, wie ihr das macht. Aber ermuntert sie.

Derjenige, der sich äußert, sagt im Prinzip damit: „Hallo, hier bin ich. Nimm mich bitte wahr, und sieh mal, ich tue dir gar nichts.“ Und der andere kann antworten: „Schön, daß du da bist, ich habe gar nicht die Absicht, dir etwas zu tun.“ Wenn ihr dieses Wissen

aber in euch behaltet, schafft ihr eine Zone der Unsicherheit.
Gut, nehmt euch bitte vor, mit irgend jemandem, den ihr morgen trefft, zu sprechen über das, was ich euch nun seit einiger Zeit jedesmal neu und im Prinzip immer gleich sage. Es liegt an euch, wie ihr eure Umgebung formt.
Wenn ihr zu diesem Thema irgendetwas beizutragen habt, hättet ihr jetzt die Möglichkeit.
Hab' ich was vergessen? Eins...ja?

T: Nein, nein, nein...

Nein, nein, nein, nein. Bravo, du hast gerade einen Ton von dir gegeben. Ich wollte gerade abzählen, wer jetzt einen Ton von sich gibt. Also, ich habe nichts vergessen. Gut.

Dann können wir zum Thema des heutigen Abends kommen. Etwas, was euch immer ein bißchen Ohrensausen oder Magenprobleme verursacht: Der Begriff der A U T O R I T Ä T.
Was ist eigentlich ein Auto? Da gibt's doch hier ein paar technische Hasen. Was ist denn, bitte sehr, ein Auto?

T: Ein fahrbares Mobil.

Ja. Jaja. Was heißt denn „Auto"?

T: Selbständig.

Jawohl, ihr Lieben.

T: Aber das fährt nicht alleine, das Auto. (Lachen)

Ja und nein. Es fährt aus sich heraus. Es wird nicht gezogen oder geschoben.

T: Bestenfalls.

Gut. (Lachen) *Ich danke dir. Schön. Gut, gehen wir aus von der wunderbaren Tatsache, daß ein Auto prinzipiell aus sich selbst heraus fährt, unter bestimmten Umständen.* (Lachen)

T: Soweit Benzin da ist.

Richtig, richtig. Was ist eine Autorität?
Eine Autorität ist ein Selbstfahrer. Ganz einfach. Ein Selbstfahrer. Es ist jemand, oder es ist eine Person, die entschieden hat, die Erfahrungen, die auf der Welt zu machen sind, zu machen und sich aus diesen Erfahrungen ein eigenes System der Erkenntnis aufzubauen.
Das hört sich ganz leicht an. Ist es im Prinzip auch. Aber nun kommt ihr alle auf die Welt, indem ihr euch entschieden habt, innerhalb einer bestimmten Kultur zu wachsen. Und diese Kultur ist gewöhnlich älter als ihr. Sie hat also bestimmte Normen, bestimmte Gesetze, bestimmte Gewohnheiten, bestimmte Absprachen usw.
Und was tut ihr, vom ersten Tag eures Lebens an? Ihr setzt euch zunächst auseinander mit all den Normen, die diese Kultur euch vermittelt. Das ist gut so. Ihr müßt ja lernen, wie ihr mit den anderen Menschen umgeht, wie ihr euch verständlich macht, wie ihr euch ausdrückt, wie ihr das bekommt, was ihr braucht.
Aber, und das ist etwas sehr Wichtiges, bitte helft allen Menschen, die ihr kennt - zuerst euch selbst - und dann bereitet den Boden auch für die anderen, daß sie in ihrer eigenen Dynamik eigene Gesetze aufstellen.
Ihr seid nämlich alle Autoritäten. Nur wenn ihr eure Autorität nicht lebt, vor euch selbst nicht lebt, bleibt sie sozusagen im Kästchen, und ihr erfahrt gar nichts von ihr.
Seht mal, nehmen wir eure Kultur. Jemand sagt: „Eins und eins ist zwei." Dieser Jemand ist für euch eine Autorität. Sie hat euch mitgeteilt, daß eins und eins zwei ist. Und ihr habt das Gefühl: „Oh, das habe ich ja vorher gar nicht gewußt. Also jetzt weiß ich mehr.

Jetzt kann ich mitsprechen."

Und was habt ihr vergessen in dem Moment? Ihr habt vergessen, daß es eine Absprache ist, daß ihr so zählt: Eins und eins ist zwei. Ihr könntet ja auch die Absprache haben: Eins und ein Ei ist zwei. Oder eins und dödeldödel ist zwei. Oder überhaupt nicht zwei, sondern etwas anderes. Und wenn diese Absprache bei euch gelten würde, läge in ihr die Autorität.

Was könnt ihr also tun? Ihr könnt euch überlegen, was ihr fühlt. Was ihr erlebt. Und wie ihr das in jeweils spezifisch persönlicher Form ausdrückt. Und könnt euch als eure eigene Autorität annehmen. Ihr könnt wissen, daß ihr z.B. zur Sonne Sonne sagt. Aber ihr könnt für euch ein neues Wort entwickeln, z.B. der Wärmespender oder was euch einfällt. Oder der gelbe Ball oder sonst etwas. Für euch selbst stellt ihr dann nämlich folgendes fest: Euer persönliches Gefühl und eure persönliche Erfahrung entspricht nicht 100% der, die euer Nachbar gemacht hat.

Eure Autorität liegt darin, anzuerkennen, daß es zwar eine Absprache der Normen gibt, daß ihr aber die Pflicht und die Aufgabe und die Möglichkeit und die Freude habt, von dieser Norm jeden Tag so oft als möglich abzuweichen in eurer eigenen Erkenntnis. Nicht als motzende Revolutionäre, davon spreche ich nicht. Das könnt ihr auch tun, aber das ist etwas anderes.

Wenn euch euer Körper eine Botschaft gibt, ist euer Körper die Autorität, die in diesem Moment spricht. Und ihr braucht niemanden, der das bestätigt. Versteht ihr? Hunger ist eben Hunger, dazu braucht man nicht die Bestätigung einer anderen Person. Man muß nur den Mut haben, das Gefühl, was entsteht, wirklich wachsen zu lassen, zu versuchen, auf ein eigenes System zu setzen oder einem eigenen System einzufügen, so daß in dem eigenen System Unterschiede feststellbar sind, und bei Gelegenheit mit anderen Personen über das, was ihr erfahren habt, zu sprechen.

Ich sage euch oft: Bitte sprecht über eure Gefühle in dem Moment, in dem sie euch einfallen. Es ist der jeweils optimale Moment für euch und die jeweils anwesenden Personen. Es gibt eine bestimmte Energie, die da ist für alle. Und jetzt könnt ihr, wenn ihr

darüber sprecht, feststellen, was empfindet der, was empfindet der, was fühlt der und so weiter. Und könnt wahrnehmen und gelten lassen, was ihr als persönliche Botschaft fühlt und bekommen habt aus eurem Körper.
Wenn sich Personen besonders spezialisieren, ist das wunderbar. Und ihr erkennt sie als Autorität an.
Jetzt kommt die große Klippe. Warum haben sie sich spezialisiert? Haben sie sich spezialisiert, weil sie ein großes Interesse haben, z.B. an einer Farbe oder an einem Thema oder an einem Gefühl, und wollen alles dazu wissen? Haben sie sich aus eigenem Antrieb, aus der Neugierde, aus der Freude des Entdeckens fach- und sachkundig gemacht? Und haben sie Dinge erfahren, die vorher nicht gelehrt worden sind, weil sie gesagt haben, ich möchte alles zu diesem Argument wissen. Dann werdet ihr sie auf diesem Gebiet als Autorität anerkennen und werdet sie fragen und werdet sagen: „Wie siehst du das? Wie hast du das gefühlt?“ usw.
Und dann gibt es Personen, die machen sich sachkundig, um euch abhängig zu machen, die mehr sein möchten als der andere, die besser sein möchten als der andere.
Und diese Personen verbreiten keinen Frieden. Sie brauchen euch zur Bestätigung dafür, daß sich ihre Arbeit gelohnt hat. Denn sie möchten auf diese Weise Macht ausüben; über euch ihre eigene Ohnmacht transformieren, indem sie meinen, sie wüßten etwas mehr oder besser oder anders usw.
Ihr Lieben, ich bitte euch darum, daß ihr eure eigene Autorität anerkennt. Wenn ihr das Gefühl habt, jemand anderes wüßte mehr als ihr und etwas besser, was habt ihr dann getan? Ihr habt auf e u r e Kraft, auf e u r e Macht verzichtet, auf irgendeinem für euch wesentlichen Gebiet. Ihr habt auf e u r e Freude verzichtet, die ihr nämlich beim eigenen Entdecken empfindet. Und aufgrund dieser Mangelerscheinung, die ihr euch übel nehmt, meint ihr, daß ihr eure Autorität übertragen müßt auf irgendeine andere Person.
Ich bitte euch: Jeder lebe seine eigene Welt. Es ist wunderbar, sie zu sehen, und es ist wunderbar, die Freude mit jemand anderem teilen zu dürfen.

Aber ihr gebt bitte eure Kraft, eure Beurteilung eurer eigenen Situation nicht aus der Hand. Nur ihr könnt wissen, ob das, was ihr eßt, schmeckt. Ihr braucht niemanden, der euch sagt, Apfelsinen schmecken so und müssen so und so schmecken. Das müßt ihr bitte selber probieren und müßt selber dafür einstehen, daß ihr sagt: Mir schmecken Apfelsinen, usw.

Das, liebe Leute, ist eure Macht über euch selbst. Ihr könnt diese Erkenntnis auf jede Art von Lebensumstand übertragen. Immer dann, wenn ihr das Gefühl habt: „Was macht denn der andere mit mir?“, dann habt ihr euch versäumt. Er kann nämlich mit euch gar nichts machen als das, was ihr ihm direkt oder indirekt erlaubt habt zu tun.

Ja. Ihr könnt euch ja für kürzere Zeit, aber im Stadium der Bewußtheit, der Führung einer anderen Person anvertrauen, von der ihr meint, sie könne euch den Weg zeigen. Aber auch dann verzichtet nicht darauf, selber zu entscheiden, ob ihr das in diesem Moment wirklich möchtet oder nicht. Ihr müßt dann nicht lange stören oder diskutieren, sondern für euch entscheiden, was ihr in dem Moment tut. Und dem anderen dies mitteilen, ohne Aggression, ohne Beschuldigung usw.

In der letzten Zeit bin ich oft gefragt worden: „Ist das, was die und die Person hört oder sieht, wahr? Ist das so? Kann das so sein?“

Ihr Lieben, alles, was ihr fühlt, alle Antworten, die euch auf Fragen, die ihr stellt, kommen, die aus eurem Inneren heraus kommen, sind richtig. Habt ihr das gehört, was ich gesagt habe? Auch auf Gebieten, die von niemandem kontrolliert worden sind. Auch bei Fragen, die ihr nicht mit anderen Personen abgesprochen habt, also deren Antworten meine ich. Das, was aus eurem Inneren als die Beantwortung der Dinge, nach denen ihr fragt, kommt, ist e u r e Wahrheit.

Das, was ihr beachten müßt, ist, daß ihr eure Wahrheit für eure Wahrheit erklärt und nicht dem anderen übertragt, solange der nicht erklärt hat, daß das auch seine Wahrheit ist. Versteht ihr, was ich meine. Ich spreche von dem, was ihr Spiritualität nennt.

Einer bekommt ein System. Gut, das ist die Wahrheit einer Person. Ob sie wahr ist für euch, müßt ihr durch eure eigenen Antworten bestätigen. Wenn sie nicht als eure eigenen Antworten herauskommen, ist eure Wahrheit nicht mit der Wahrheit eures Nachbarn identisch. Wenn ihr nun miteinander reden wollt, müßt ihr euch einigen auf ein System, eine Absprache, die ihr als Brücke zwischen euch benutzen könnt, um euch zu verständigen. Aber auch dann prüft bitte erst durch euer Gefühl, ob das, was der andere als Wahrheit empfangen hat, eurer eigenen Wahrheit entspricht.

Ihr schafft verantwortlich Leben, und ihr könnt das Leben, was ihr schaffen wollt, nur durch e u c h und e u r e Wahrheit schaffen. Je klarer ihr seid in dem, was ihr fühlt, und euch nicht beirren laßt durch die Meinung oder das Gefühl der anderen, je klarer ihr seid, desto klarer wird euer Planet werden.

Ihr müßt euch nicht rechtfertigen. Und ihr müßt auch die Dinge, die der andere erlebt, nicht für wahr halten oder sie rechtfertigen. Ihr müßt nichts verteidigen. Erkennt an, daß jeder seine eigene Wahrheit erlebt, und erkennt weiter, daß ihr erst dann, wenn ihr miteinander über die persönlichen Wahrheiten sprecht, die Dinge erkennt, die unter Umständen allgemein verbindlich sind.

Zu diesen allgemeinen Verbindlichkeiten gehören die Grundgesetze der Erde: z.B. eine Ursache schafft eine Wirkung, nicht wahr? Oder diese Dimension ist in Plus und Minus unterteilt. Oder in dieser Dimension wirkt das Gesetz von Plus und Minus. Diese Dimension baut sich auf auf elektromagnetischen Zusammenhängen. Solche Dinge sind verbindlich. Wenn aber auf dieser Basis anderes wächst, ist auch alles andere, was wächst, gültig. Erkennt in Liebe, daß der andere seine Wahrheit erlebt. Und erkennt in Liebe, daß ihr auf diese Erde gekommen seid, um eure Wahrheit zu leben, eure Wahrheit zu fühlen.

Ihr Lieben, alles, was ihr nicht gefühlt habt, ist nicht gelebt. Was ihr wißt, ist vielleicht ganz fröhlich, aber es schafft nichts. Alles, was ihr fühlt, wird aufgezeichnet in eurer Aura. Und das ist der Schatz, den ihr bereitet für euch selbst zur Bewältigung von jeder Art von Leben in jeder Art von Dimension. Und deshalb ist es so wichtig, weil ihr eine Orientierung für euch selber braucht, daß ihr über eure Gefühle sprecht. Auch dann, wenn ihr vermeintlich gegen die Ordnung eurer Kultur angeht. Tut es mit Unschuld, nicht um den anderen anzuklagen oder etwas besser zu wissen, sondern darum, daß ihr gekommen seid, Leben zu schaffen, was so gültig und so notwendig ist wie das, was eurer Bruder oder eure Schwester schafft.

Also, ich möchte noch einmal betonen: Es gibt Autoritäten, die so viel für sich selbst erlebt, gelebt haben, daß sie euch als Beispiel dienen können. Aber sie sind nur ein Beispiel dafür, daß ihr eure eigenen Formen der Autorität entwickelt, daß ihr sie lebt bis hin zur Freude.

Liebe deinen Nächsten wie d i c h s e l b s t . Ja, das ist gemeint. Schafft dem anderen den Raum, seine Autorität zu entwikkeln, weil ihr so den Raum schafft, eure eigene zu entwickeln und zu betrachten und anzubieten als den Korb voller Früchte, den ihr auf dem Altar des Lebens niederlegt. Freut euch an der Üppigkeit und der Fruchtigkeit eurer eigenen Möglichkeiten.

Wenn ihr euch Lehrern anvertraut, bitte macht euch klar, daß nur die Personen gute Lehrer sind, die euch erlauben, über sie hinauszuwachsen. Ein Lehrer, der meint, er hätte immer recht, ist kein Lehrer. Ein Lehrer, der euch sagt: „Gut, ich zeige dir den Weg, den ich gegangen bin, und guck du nach, ob das auch der deine ist. Und wenn du Fragen hast auf diesem Weg, dann frage mich. Aber bitte finde deinen eigenen. Ich kann dir nur auf diesem Weg helfen", ist ein guter Lehrer. Wenn ihr solche Lehrer findet, dann könnt ihr in Ruhe ein Stück oder ein längeres Stück eures Weges miteinander gehen. Wenn euch Lehrer Angst machen oder euch erschrecken, besinnt euch bitte auf eure eigene Autorität. Auch dann, wenn sie etwas Gutes wollen.

Ihr Lieben, es kommt nicht darauf an, was ihr tut, sondern w i e ihr es tut, indem ihr jede Sekunde eures Lebens in dem Bewußtsein lebt, zu dienen, eurem Leben zu dienen, eine Art Gottesdienst zu leben, ob ihr nun eure Teller abwascht oder eure Hunde ausführt. Es sind Tätigkeiten, die euch euch zeigen als Diener des Lebens.

Als solche Individuen, die dem Gottesdienst des Lebens entsprechen.

Und dazu braucht ihr eure Würde. Laßt euch bitte von keiner einzigen Person, egal wie sie von sich denkt oder wie die anderen Personen von ihr denken, eure Würde nehmen.

Jeder von euch steht an dem Platz, den er gewählt hat, seine Erfahrungen zu machen. Und ihr seid gleich. Der andere kann seine Erfahrungen nur machen, wenn ihr mitspielt. Bitte seid euch bewußt, daß ihr genauso wichtig seid wie jeder andere auch.

Noch einmal: Alles, was euch als Antwort oder vielleicht als zukünftige Antwort aus eurem Inneren kommt, ist eure Wahrheit. Ihr könnt sie prüfen, indem ihr um ähnliche Situationen bittet. Aber ihr braucht keine Serienversuche, um die Wahrheit, die ihr habt, zu bestätigen.

Erst wenn ihr eurer eigenen Autorität vertraut, traut ihr allen Informationen, die in euch wohnen, und könnt so den neuen Anfang in die neue Menschheit mitgestalten. Ihr habt jeder für sich alle Kraft und alle Liebe in euch. Und wann immer sie nicht zu spüren ist, wann immer ihr traurig seid oder müde oder wie immer, also immer wenn ihr nicht fröhlich seid, bitte guckt hin, welches eurer Muster ihr gerade lebt. Und trennt euch von der Beurteilung, die ihr gehabt habt bis zu diesem Moment.

Ihr werdet leichter und heiterer werden. So. Ich glaube, das, was ich sagen wollte zu dem Thema der Autorität, habe ich gesagt.

Seth-Abend 21. November 1995:

WEITE

Guten Abend, meine Lieben.

T: Guten Abend, Seth.

Ihr habt soeben Sendeschwierigkeiten, oder sagen wir, Aufnahmeschwierigkeiten. Das entspricht der derzeitigen Energie. Der Traum, den einige Leute vorab gehabt haben, betrifft auch dieses Thema. Also, es ist das Thema der eigenen Ortung und der Verbundenheit mit anderen Individuen. Gut, darüber werden wir vielleicht nachher weiterreden.

Ich möchte zu Anfang das tun, was ich normalerweise tue: euch herzlich bitten, so herzlich es mir möglich ist, daß ihr an den Dingen, die hier stattfinden, teilnehmt, und zwar in der Weise, daß ihr eure Qualitäten mit einbringt, daß ihr eure Qualitäten hört, euch selbst und den anderen bekannt macht.

Bitte nehmt teil, nehmt ihn euch, indem ihr eurer Stimme Ausdruck verleiht, indem ihr Töne von euch gebt, ob sie nun einen ordentlichen Inhalt haben oder nicht. Ihr wißt, darauf kommt es nicht an. Es kommt nur dann auf ordentliche Inhalte an, wenn ihr eure Visionen beschreibt.

Wenn ihr hier seid, in einer gemeinsamen Runde, liegt das Ziel darin, daß ihr eure Energien wandern laßt, daß ihr Verbindungen untereinander schafft, daß ihr Vertrauen untereinander schafft.

Denn die Qualität, die hier erzeugt wird, bleibt nicht in diesem Raum, sondern verläßt den Raum als reine oder unreine Wesenheit.

Ihr schafft jedesmal, wenn ihr zusammen seid, eine solche Wesenheit. Ihr erinnert euch, die Personen jedenfalls, die häufiger hier waren, ihr erinnert euch: Wenn ihr eure Stimme benutzt, ist das ein Festtag für alle eure Einzelbewußtsein. Ich hätte, wie ihr wißt, auch sagen können, für alle eure Zellen. Eure Zellen hören den Klang eurer Stimme und fühlen sich geborgen, geborgen in der Einheit ihres Lebens. Geborgen innerhalb ihres Lebenslaufes. Ich brauche euch nicht zu sagen, das wißt ihr, aber ich möchte euch daran erinnern: Eure Zellen leben viel, viel kürzer als euer Individualbewußtsein. Je glücklichere Lebensbedingungen ihr ihnen schafft, desto reiner ist die Atmosphäre, in der ihr lebt.

Eure Zellen verlassen euch in dem Bewußtsein, das ihr ihnen gegeben habt. Ihr seid also eine Art Springbrunnen, der Zellen produziert. Bitte achtet darauf, daß die Zellen, die euch verlassen, glückliche Zellen gewesen sind. Solche, die im Einverständnis mit euch gelebt haben. Und wenn ihr eure Stimme erhebt, habt ihr ihnen einen Sonnentag beschieden.

Wenn einer von euch etwas sagt, gibt er den Ton in den Raum. Dieser Ton erreicht ein anderes Individuum und veranlaßt dieses andere Individuum zu schwingen, sich zugehörig zu fühlen. Und also habt ihr über die innere Arbeit eine äußere Arbeit kreiert, habt ihr eine äußere Arbeit geleistet.

Und je bewußter ihr, ich kann auch sagen, je liebevoller ihr sagt: „Hier bin ich, hier möchte ich sprechen“, desto eher habt ihr ein Wohlbehagen für alle hiesigen Menschen erzeugt.

Ihr habt mit eurer Stimme einen Ort des Friedens geschaffen. Das, ihr Lieben, das ist unsere gemeinsame Aufgabe an solchen Abenden wie heute.

Ich weiß, ihr erwartet von mir, daß ich euch viele Weisheiten mitteile. Ihr Lieben, diese Weisheiten erreichen euch aber nicht in der Weise, wie wir es uns wünschen: Sie werden nicht den Frieden in euch vermehren, sie werden nicht das Vertrauen in euch vermehren, sie werden nicht die Liebe in euch vermehren, bloß weil ihr eine Information bekommen habt. Der Weg ist ein umgekehrter. Erst sagt bitte: „Ich bin angekommen. Ich darf hier sein, und ich bin damit einverstanden.“. Erst dann habt ihr mir die Erlaubnis gegeben, euch Informationen, die über den Verstand aufgenommen werden, zu geben.

Ich sage euch heute zum ersten Mal, seit ich durch Valanga spreche: Erst dann, wenn alle Wesen, die anwesend sind an einem solchen Dienstag eine Friedensbereitschaft haben, werde ich euch solche Informationen geben, von denen ihr meint, daß sie euch weiter führen, was in der Tat so sein kann. Ihr habt euch sicher gewundert bis jetzt, daß ich euch die Dinge des Alltags beschrieben habe, daß ich über Essen geredet habe, über Liebe, über Autofahren, über Gartenarbeit und was euch sonst in eurem täglichen Leben begegnet. Meine lieben Freunde, ich bitte euch, diese Dinge des Alltags sehr, sehr wichtig zu nehmen. Ihr könnt nicht ohne einen bewußt gelebten Alltag in irgendwelche anderen Zusammenhänge geraten.
Ich bitte euch, erhöht euer Bewußtsein, indem ihr jede Tätigkeit, die ihr verrichtet, in Liebe verrichtet. Wenn ihr euch dabei erwischt, in die Funktion zu kommen, bitte ich euch: Unterbrecht jede Arbeit, die ihr tut. Ihr vermehrt, wenn ihr sie nicht unterbrecht, eure schlechten Lebensbedingungen. Ihr vermehrt die Umweltverschmutzung, ihr vermehrt Krankheiten, ihr vermehrt Verlorenheit. Bitte, wann immer ihr etwas tut, und ihr tut etwas von morgens bis abends, tut es im Bewußtsein der Liebe und tut es im Bewußtsein der Freude. Wir brauchen stabil gewordene Menschen.
Ich sage euch immer wieder: Es stehen Veränderungen bevor. Ihr könnt diese Veränderungen nur leben, wenn ihr jeder für euch euren Wert erkannt habt, der in eurer alltäglichen Form des Lebens liegt. Also, ich spreche immer noch über das Reden. Ich bitte euch also: Entscheidet jetzt, daß ihr bewußte, reife Individuen seid, die durch ihre hiesige Zusammenkunft ein starkes Wesen erzeugen, genährt von der Liebe und dem Bewußtsein aller anwesenden Personen.
Bitte sprecht, egal was ihr sagt. Laßt euren Ton hören. Versetzt euch durch die Teilnahme an diesem Gespräch in die Vibration des Friedens und erweitert so euch selbst. Wartet dann auf die Informationen, die aus euch selbst kommen.
Seit unserem letzten Treffen hat für euch ein neuer Zyklus begon-

nen. Ich werde in erster Linie mit allen Personen, die anwesend sind, versuchen, untereinander zu arbeiten. Das setzt voraus, daß ihr bewußt „Ja" sagt, euch selbst zu erfahren, nicht mehr, euch hinzusetzen und euch Dinge erzählen zu lassen.
Unser Ziel ist die Autorität jedes einzelnen Individuums. Ihr könnt eure Autorität nur dann entwickeln, wenn ihr „Ja" sagt, die Situation, die euch gegeben ist, anzunehmen. Überwindet eure Angst oder das Gefühl der Fremdheit. Ich sage euch: Ihr alle kennt euch aus verschiedenen früheren Zusammenhängen. Entdeckt in euch noch einmal diesen Bekanntschaftsgrad und lernt auf diese Weise, Energie in euch zu vermehren, die euch in die Lage setzt, eure eigenen Informationen zur gegebenen Zeit abzufragen.

Das Thema W E I T E , das ich heute abend gewählt habe, bezieht sich genau auf diesen Bereich, den ich euch eben versucht habe klarzumachen. Jeder, bitte, entwickelt das Bewußtsein für seine eigene Weite. Das Bewußtsein, physischer Teil der Erde zu sein und somit Informationen zu haben, die die Erde hat, und Informationen zu haben, die der Himmel hat.
Eure Weite erstreckt sich bis in den Mittelpunkt der Erde und bis in alle Dimensionen. Ihr könnt diese Weite nur erreichen, meine Lieben, wenn ihr euch ausdrückt, wenn ihr euch von innen nach außen bewegt. Wenn ihr eure Stimmen, eure Informationen von innen nach außen bringt.
Da gibt es mehrere Wege, aber der menschliche Weg ist der, eure Stimme als Mittler zwischen eurem Inneren und eurem Äußeren zu benutzen. Seit zwei Jahren fast sage ich euch am Anfang jeden Treffens das, was die Stimme betrifft. Jetzt habe ich euch gesagt, warum.
Jeder, der seine Stimme benutzt, vermittelt für sich selbst zwischen seiner Innenwelt und seiner Außenwelt. Er schafft den Punkt, an dem die andere Innen- und Außenwelt sich anketten kann.
Bis jetzt habt ihr mich nicht so sehr ernsthaft erlebt. Ich mußte es heute sein aus verschiedenen Gründen, die ich euch aber nicht erklären möchte. Was ich erreichen möchte, ist, euch sehr nach-

drücklich zu sagen: Ich bitte euch, ob hier oder in euren täglichen Leben, benutzt eure Stimme. Jeder für sich. Es ist der Weg der Erschaffung eurer eigenen Welt. Ihr lernt euch nur kennen, wenn ihr euch hört, euch ausdrückt von innen nach außen.
Ich möchte eine kleine Pause einlegen, in der ich jede anwesende Person bitte, sich zu überlegen, wie sie ihre Stimme in dieser Runde erschallen lassen möchte.
Ich schlage euch vor, daß wir zusammen am Anfang ein OM singen. Wenn ihr damit einverstanden seid, dann laßt es mich wissen.

T: Ja, wir sind damit einverstanden.

T: Wir sitzen alle in Position.

Ich danke dir. Es ist eine der Aufgaben, euch untereinander zu ermuntern und zu ermutigen, eure Verbindung auf jeder Ebene zu stärken. Ich danke dir dafür. Möchtet ihr anfangen oder soll ich es tun?

T: Ich kenne das so, daß in der Gruppe, in der ich mit Tönen arbeite am Anfang so eine Art Basisatem gemacht oder gelebt wird.[11] Ja wie soll ich sagen, dann beginnt man einfach gleichzeitig.

Kannst du es mal etwas dirigieren?

T: Ja klar. Also ich mache das einfach mal vor. (Atmet laut aus.) Und dann einatmen. Und dann kann man loslegen. Das entspannt auch ein bißchen. Vielleicht: beim Ausatmen kann man sich vorstellen, einfach alles so loszulassen, was vielleicht hier irgendwo blockiert oder bremst oder was auch immer und dann einfach losdüsen. Und ich denke, jetzt machen wir das einfach mal. (Ausat-

---

[11] Einmal tief einatmen und gemeinsam in die Mitte ausatmen und dann beginnen.

men, einatmen und mehrere gemeinsame OMs gesungen.)

Also, ich möchte euch noch einmal erklären, was wir hier tun. Wir üben Vertrauen in sich selbst und in die anwesenden anderen, indem wir die Stimme benutzen, indem sich jeder selbst hört. Ich schlage euch vor, daß wir diese Arbeit immer einer nach dem anderen tun und nicht nach dem Prinzip der Freiwilligkeit. Seid ihr damit einverstanden?

Seth-Abend 28. November 1995:

STAGNATION

Ihr lieben Menschenkinder, ich freue mich, daß ich euch begrüßen darf. Würdet ihr mich bitte auch begrüßen?

Guten Abend, Seth.

Am Anfang, ihr wißt es, erzähle ich euch immer etwas über eure Stimme. Es ist nach wie vor immer noch das Wichtigste, was ich euch sagen kann. Bitte benutzt die Be-stimmung des Menschen. Laßt die Stimme erschallen. Für euch. Erst wenn ihr euer Inneres bewußt nach außen spiegelt, wenn ihr die Brücke von innen nach außen geschlagen habt, wißt ihr, wer ihr seid, wo ihr seid und was vielleicht ein bißchen geradezurücken ist.
Die Stimme ist der Spiegel eures Herzens. Was ist das Herz? Das Herz ist das Organ dafür, daß ihr auf der Erde seid, mit Herz und Seele irgendwo seid. In diesem Falle auf der Erde. Das Herz ist eure Verbundenheit mit eurer spirituellen Bestimmung und eurem Leben. Wenn ihr euer Herz in die Hand nehmt, formt ihr das, was man Leben nennt. Wenn ihr eure Stimme erschallen laßt, könnt ihr feststellen, ob ihr das Herz in die Hand genommen habt oder nicht.
Wenn ihr Angst habt, fängt eure Stimme an zu zittern. Und wo habt ihr Angst? Ihr ängstigt euer Herz, euer Dasein auf der Erde. Wenn also die Stimme zittert, bedeutet das, ihr habt Angst zu sein. Und, liebe Leute, was tut man gegen Angst? Ihr müßtet jeden Schritt, jede Möglichkeit benutzen, eure Stimme stimmen zu lassen, damit sie eine Gelegenheit hat, sich selber zu hören, sich selber in sich zu spiegeln und sich klar zu machen, daß es gar nichts gibt, vor dem man Angst haben müßte.
Wenn ihr also Herzklopfen habt oder wenn ihr Angst habt, über-

haupt das Gefühl, euch wird etwas abgeschnürt, wenn ihr dieses Gefühl habt, bevor ihr sprecht, meine Lieben, tut euch den Gefallen und sprecht dann wirklich: so oft wie möglich, so laut wie möglich, so leise wie möglich. Spielt mit allen möglichen Modulationen eurer Stimme.

Erst wenn euer Herz die Sicherheit eurer Stimme hört, das heißt, wenn es über die Stimme sich selber beweist, daß es keine Angst mehr hat, das Dasein mit der Hand zu ergreifen, erst dann, ihr Lieben, beginnt ihr zu lachen und fröhlich zu sein. Ihr habt dann die Angst in die Ecke bewegt, da wartet sie so lange, bis ihr ihr wieder erlaubt zu kommen oder nicht.

Ich bitte euch also, macht eurem Herzen und allen anderen Organen und Zellen eures Körpers die Freude und laßt sie die Stimme hören, die zu ihnen gehört.

Ich kann euch nicht oft genug sagen und nicht intensiv genug sagen: sprecht dann, wenn ihr den Impuls habt zu sprechen. Wir sind heute nicht zufällig, ihr werdet es noch merken, eine ganz kleine Gruppe. Warum, ihr Lieben? Ihr habt die wunderbare Gelegenheit, lange eure Stimme zu hören oder oft eure Stimme zu hören.

Bitte paßt nicht auf darauf, was ihr sagt, sondern paßt auf darauf, daß eure Stimme in allen Modulationen vorhanden ist. Vielleicht hilft es euch, wenn ihr die Stimme als eine Möglichkeit seht, in die man hineingehen kann, sein kann, so daß ihr selbst zur Stimme werdet. Dann nämlich, wenn ihr den Ton formuliert, beginnt euer gesamtes Ich zu schwingen. Euer Schwingungsfeld ist wie ein Instrument, das man anstößt. Ihr, und das sagen wir immer, seid die Instrumente auf der Erde und habt die wunderbare Gabe, eure Bestimmung durch Stimme zu manifestieren.

Ich habe euch heute das Thema S T A G N A T I O N gebracht. Stagnation ist das Übereinanderlagern zweier, mindestens zweier Wünsche. Und wenn ihr sie übereinanderlagert, seid ihr aktionsunfähig. Dann blockiert der eine Wunsch den anderen.

Eure natürliche Bestimmung ist es, sich zu bewegen. Und nun guckt euch an, wie oft ihr euch wirklich bewegt, und zwar auf der physischen Ebene und auf allen anderen auch. Wenn ihr beginnt, eure Wünsche, eure Lebensprojektionen bewußter zu formulieren, und wenn ihr bedenkt, daß die Realisation eines Lebenswunsches eine gewisse Zeit braucht, wäret ihr klug genug, die Dinge nicht übereinander zu wünschen.

Wißt ihr, ihr seid ja nicht nur in der Stagnation des Handelns, sondern, viel wichtiger, ihr seid in der Stagnation des Gefühls. Ihr überlagert zwei, mindestens zwei Gefühle, so daß ihr mit keiner Aktion zu Ende kommen könnt und so daß ihr aus keiner Aktion die Frucht empfangen könnt. Ich habe euch mehrere Male schon gesagt, tut etwas so lange, bis ihr es fühlt. Und dann erst beginnt eine neue Tätigkeit. Wenn ihr also zwei Handlungen, bleiben wir bei dieser Ebene, zwei Handlungen übereinanderlegt, dann könnt ihr nicht fühlen. Ihr könnt nicht gleichzeitig zwei Gefühle haben. Das verwirrt euch. Das heißt also, keine der beiden Situationen wird zu Ende geführt.

Und jetzt, und das ist das Schwierige daran, bleibt euch die Energie stehen. Ihr fühlt euch fixiert. Was tut ihr dann? Ihr macht oder begebt euch in die nächste Situation. Die könnt ihr aber auch nicht fühlen, weil die beiden vorhergehenden nicht beendet waren. Jetzt tut ihr den zwei nicht beendeten Situationen die dritte hinzu. Versteht ihr? Und wenn ihr dann nicht in eine körperliche Aktion geht, bei der die vorhandene Energie eine Möglichkeit hat, den Körper oder das Sein zu verlassen, häuft ihr eine nicht abgeschlossene Situation auf die andere. Und damit häuft ihr das Gefühl der Nutzlosigkeit, der Wertlosigkeit. Ihr seid danach nicht in der Lage, euch selbst zu fühlen, euren Wert zur Kenntnis zu nehmen.

Und jetzt passiert etwas anderes. Ihr habt ja die Energie erzeugt, wo bleibt sie also? Diese Energie, die ihr erzeugt habt, hat mehrere Möglichkeiten zu sein. Entweder ihr tut die Energie in eine ordentliche körperliche Arbeit, das hieße, ihr grabt den Garten um oder ihr rennt oder spielt mit einer starken Bewegung oder ihr geht tanzen. In jedem Fall etwas, was den Körper befreit von der

Energie, die in ihm angehäuft ist.

Ihr habt aber auch die Möglichkeit, mit dieser Energie, die vorhanden ist, euch klarzumachen, welche energetischen Zusammenhänge die Situationen haben, in denen ihr euch befindet. Es wäre eine Möglichkeit, die Energie körperlich anzuwenden, oder es gibt eben diese andere psychische.

Wenn ihr das nicht tut, auf eine Weise wenigstens, ihr Lieben, werdet ihr krank. Eure Erscheinungen oder Erscheinungsformen zeigen euch an, wo ihr stagniert habt, wo ihr Gefühle übereinandergepackt habt, nicht zu Ende getan und gefühlt habt. Und aus der von euch gefühlten Notwendigkeit etwas zu bewegen, etwas zu leisten, seid ihr in die nächste Kurve gegangen, in die nächste Spirale der Unerfülltheit.

Bei allen diesen Aktionen kommt es auch darauf an, daß ihr mit dem Faktor Zeit umgeht, daß ihr euch also Zeit laßt, die Dinge wachsen zu lassen, die Dinge entstehen zu lassen und so lange euch selber Zeit zu geben, bis sie in euch die Aktionen ausgelöst haben, die Gefühle ausgelöst haben, die ihr vorab entschieden hattet zu leben. Wenn ihr also alles zu schnell tut und wenn ihr das, was ihr tut, nicht zu Ende tut, erfüllt ihr euren Lebensplan nur sehr mäßig, wenn überhaupt. Aus der Trauer darüber, daß ihr diese Freude, mit der jeder Mensch geboren ist, nicht fühlt, geratet ihr in eine sich sehr schnell drehende Spirale, die aber nicht nach außen, sondern nach innen führt und euch stagniert.

Wenn ihr nun also empfindet, ihr seid in der Stagnation, dann kümmert euch bitte nicht um diesen Zustand und erzählt euch selbst „Aaach, ich bin in der Stagnation." Dann fixiert ihr nämlich diese Stagnation ein zweites Mal und könnt euch nicht mehr bewegen.

Wenn ihr also in eine solche Stagnation geraten seid, dann sagt: „Okay, heute ist der 3. Dezember, bis heute habe ich so gefühlt, und ab morgen werde ich es anders tun."

Und wie dann anders tun?

Ihr folgt euren Impulsen so wie immer. Und bevor ihr nicht sicher und konkret wißt, was ihr fühlt in bezug auf diese Situation, laßt

ihr den Kaiser einen guten Mann sein. Versteht ihr mich?
Ihr wartet so lange, bis ihr ganz konkret fühlt und beschreiben könnt, was ihr fühlt. Und damit setzt ihr natürlich euer Gegenüber in eine entsetzliche Geduldsprobe. Und wißt ihr was? Genau die hat er gebraucht. Wartet so lange, bis einer etwas fühlt. Und wenn ihr nun also, beide Teilnehmer an dieser Situation, etwas fühlt, dann könnt ihr sagen: „Du, hör' mal, ich fühl' was!" Und wenn der andere weiß, daß auch er in genau diese Situation gekommen ist, um etwas zu fühlen, dann kann er darüber lachen und sagen: „Ich auch."
Und dann vergeßt ihr den Inhalt der Situation und kümmert euch um das, was viel wichtiger ist: nämlich, warum ihr diese Situation überhaupt empfangen habt. Ihr kümmert euch um das Verstehen eures Musters. Dazu benutzt ihr alles, woran ihr euch erinnert: daß ihr unruhig geworden seid oder heiß geworden seid oder daß ihr lachen mußtet oder was immer. Und teilt euch gegenseitig diese Gefühle mit.
Und, ihr Lieben, ich möchte euch bitten, ganz klar und eindeutig bitten, kümmert euch nur um die freundliche Reaktion eures Gegenüber. Wenn er euch anschreit, etwa, was ihr euch alles denken würdet, weil ihr ihn in eine solche Situation geführt habt, weitet eure Aura bis da, wo ihr meint, daß sie zu weiten wäre, und sagt: „Stop. Bis da geht deine Emotion. Bis da geht das, was du jetzt zu tun hast, wenn du nicht begreifst, daß wir beide lachen können!"
Wenn ihr aber beide so weit gekommen seid, daß ihr lachen könnt, dann garantiere ich euch: ihr seid Freunde für immer.
Je größer, also intensiver die Situation war, desto mehr konntet ihr lachen, desto mehr konntet ihr sehen, wo ihr euch fixiert habt und so weiter. Und wenn ihr genügend Abstand zu euch selbst habt, liegt in diesem Erkenntnisprozeß, den ihr gemeinsam gelebt habt, der Schlüssel dazu, wie ihr zu jeder anderen Situation kommen könnt, also, wie ihr sie auflösen könnt.
Und dann, wenn ihr diesen Prozess des Erkennens verstanden habt, braucht ihr nicht mehr so lange, um zu eurer Freude zu kommen. Ihr beginnt zu lieben und euch nicht darum zu bemühen,

was ihr denn alles hättet besser machen sollen. Bitte hört mich! Ihr braucht nichts besser zu machen. Gar nichts.
Worauf es ankommt, ist, daß ihr versteht. Ihr braucht euch nicht zu ereifern. Laßt es euch gut gehen. Je besser ihr mit euch umgeht, je aufmerksamer ihr mit euch umgeht, desto mehr Frieden und desto mehr Liebe werdet ihr verbreiten. Weil ihr sie innen in euch fühlt.
Die Stagnationen in eurer Gesellschaft sind so stark, daß daraus eine große Orientierungslosigkeit geworden ist. Ihr Lieben, bitte laßt euch durch gar nichts von euch selbst entfernen. Durch gar nichts. Bleibt bei euch und freundlich. Das heißt nicht, daß ihr nicht auch laut sein dürft und ordentlich schimpfen. Aber bitte, schimpft so lange, bis ihr ein Gefühl dazu habt und zurücktreten könnt. Nur so können wir die Stagnationen in euch und um euch herum im kleineren und größeren Kreis auflösen.
Ihr dürft euch wagen. Wenn ihr nicht mehr persönlich und individuell stagniert, werdet ihr auch in einer großen Größenordnung nicht mehr stagniert oder stagnieren, werdet ihr ein anderes Wetter haben.
Ich bitte jetzt jeden von euch, sich an eine Situation zu erinnern, egal welche, in der er nicht fröhlich war.
Hört mal, hier gibt es keine Leistung. Ihr braucht jetzt nicht in Angst zu erstarren und sagen: „Oh, oh, oh, oh, wo war ich denn nicht fröhlich." Guckt auf euer Leben, ihr werdet eine Situation finden. Und wenn ihr sie nicht sofort findet, dann laßt euch helfen.
Ich möchte, daß ihr nunmehr untereinander versucht, diese Situationen, an die ihr euch erinnert, aufzuarbeiten. Seht ihr, ich bin auf dem Wege, eure Autorität füreinander aufzubauen.
Ich habe euch vor einigen Malen gesagt, wir werden nicht mehr nur Vorträge haben, sondern wir werden versuchen, in Übungen miteinander zu gehen, euer Vertrauen untereinander zu stärken. Ich bin ja da und kann dann eingreifen, wenn ich meine, ihr fangt neuerlich an, eine Art Umweg zu gehen.

Ihr Lieben, wir brauchen direkte Reaktionen. Furchtlose direkte Reaktionen, die unterscheiden zwischen Spontaneität und Kampf. Versteht ihr mich?
Je energetischer die Situationen sind, in die ihr geht, desto mehr Energie befreit ihr für euch selbst und für alle Menschen. Ihr seid hier, weil euch die Liebe des Lebens hergeführt hat.

So. Wer möchte denn beginnen?

STERNÜBUNG

Lege dich flach auf die Erde, breite die Arme und Beine ein wenig aus, so daß du wie ein Stern auf dem Boden liegst.
Atme bewußt, nicht angestrengt, in den Erdmittelpunkt aus, solange, bis du das Gefühl hast, mit der ganzen Fläche deines Körpers sicher und ruhig auf der Erde zu liegen.
Dann suchst du den schwersten Punkt oder auch die schwerste Fläche in deinem Solarplexus und konzentrierst dich einen Augenblick darauf.
Wenn du das Gefühl hast, den Bereich gefunden zu haben, dann bilde, von da ausgehend, Straßen weißen Lichtes, die du jeweils nach ihrem Weg an der Sonne festmachst. Laß deine Intuition entscheiden, auf welche Weise du diese Straßen mit der Sonne verbindest.
Diese Straßen bilden sich ausgehend von dem gefundenen Punkt in folgender Reihenfolge: durch den linken Arm, den rechten Arm, das linke Bein, das rechte Bein und durch den Kopf, indem du die Regionen, durch die du gelangst, visualisierst. Ich schlage dir vor, wie du es tun könntest: vom Solarplexus durch den linken Arm nach oben durch das Haus, das Dach, die Wolken, die Atmosphäre, den Weltraum bis weit, weit zur Sonne. Dann befestige die Straße und springe auf den Ausgangspunkt zurück.
Wenn du die Straßen alle mit der Sonne verbunden hast, fühle die Energie, die wie warmes Wasser durch deinen Körper rieselt. Genieße dieses Gefühl.
Dann sammle die entstandene Energie am Rücken des schweren Punktes, den du gefunden hattest, und bilde eine dicke, dicke Straße weißen Lichtes, die du in den Mittelpunkt der Erde führst.
Visualisiere dabei die Regionen, durch die du gelangst: nach unten durch das Haus, durch den Keller, den Sand, die Steine, das Wasser, das Gas bis tief, tief zum Mittelpunkt der Erde. Fühle die un-

terschiedlichen Temperaturen, die den Regionen, die du passierst, eigen sind.
Wenn du nun in der Erde angelangt bist, dann bilde einen Halbmond, der den Mittelpunkt der Erde mit der Sonne verbindet.
Setze oder lege oder stelle dich anschließend in diesen Halbmond, wie immer du es möchtest, und genieße die Energie, die durch dich fließt, indem du die Freiheit des Weltraumes fühlst.
Bleibe dort, solange du es möchtest.
Bevor du die Augen wieder öffnest, visualisiere, was du unmittelbar im Anschluß tun möchtest, z.B. dich hinsetzen, dich hinstellen usw.
Im ganzen wirst du für diese Übung wohl etwa 20 Minuten brauchen. Sie ist auch wirksam, wenn du nicht zu ende kommen solltest und dabei einschläfst. Dein Körper und deine Führung werden die für dich optimale Version dieser Übung bereitstellen.
Ich wünsche dir, daß die Sternübung dich gelassen und kräftig werden läßt, damit du die Freude in deinen Lebenssituationen fühlen kannst, die dir die Fülle des Seins bewußt machen.

Ich grüße dich in Licht und Liebe:

Valanga

ENTSTEHUNGSDATEN

Feste und Teilnahme	11.07.1995
Tanzen	18.07.1995
Wohnen	01.08.1995
Pflanzen und Wachsen	08.08.1995
Spiegel sein	15.08.1995
Illusion	22.08.1995
Räume und Veränderungen	05.09.1995
Intimität	12.09.1995
Vertrauen leben	19.09.1995
Beziehungen	26.09.1995
Was ist nötig, um in Harmonie zu sein?	10.10.1995
Reinigen und ordnen	17.10.1995
Chakren	24.10.1995
Wesenheiten	31.10.1995
Autorität	07.11.1995
Weite	21.11.1995
Stagnation	28.11.1995